청일·러일전쟁 어떻게 볼 것인가

동아시아 50년전쟁[1894~1945] 다시 보기

New Perspectives for Sino-Japanese War and the Russo-Japanese War
by Hara Akira
traslated by Kim Yeonok

Nisshin nichiro senso domiruka: kindainihon to chosenhanto chugoku

청일·러일전쟁 어떻게 볼 것인가

동아시아 50년전쟁 ^{1894~1945} 다시 보기

하라 아키라 지음 · 김연옥 옮김

살림

일러두기

1 원서의 '일본해'는 '동해'로, '조선반도'는 '한반도'로 옮겼다.
2 한일병합(한일합병), 한일합방 등의 표현은 일괄적으로 '한국병합'으로 표기했다.
3 조일수호조규는 1876년에 일어난 강화도조약을 말한다.
4 원문에는 없지만 옮긴이가 필요하다고 생각해서 삽입한 말은 [ ] 속에 넣었다.
5 이 책의 모든 각주는 옮긴이가 단 것이다.
6 고유명사 표기는 기본적으로 외래어표기법을 따랐다. 단, 널리 알려진 고유명사에 대해서는 한
　국식 한자음을 채택했다.
　　예: 大藏大臣(오쿠라 다이진)→대장대신, 台灣銀行(타이완 긴코)→대만은행,
　　　　朝鮮銀行(조센 긴코)→조선은행, 日本銀行(니혼 긴코)→일본은행

• 화보 6~7쪽 그림: 1894년 11월 17일, 청일전쟁 중 충남에서 벌어진 아산전투에서 승리한 일본군
　이 서울 근교에 세워진 개선문을 통과하고 있다.
• 화보 8~9쪽 그림: 1904년 러일전쟁 당시, 상륙작전을 감행한 일본군이 러시아군으로부터 집중포
　격을 받아 퇴각하고 있다.

"일본은 이웃나라와 평화를 유지하기 위해
자신들이 과거에 벌인 전쟁에 대해 정확히 알 필요가 있다.
일본은 침략전쟁과 식민지 지배를 반성하고 사죄해야 한다."

–

하라 아키라

| 차례 |

청일·러일전쟁에 대한
올바른 역사인식이 필요한 때

　　최근 동아시아의 상황을 보면 각국에서 내셔널리즘이 강하게 분출되고 있습니다. 앞으로도 이러한 움직임이 계속 강화되는 쪽으로 흘러간다면 각국의 내셔널리즘에 대해 서로가 냉정하게 고찰하고 그 실태를 파악하여 견실한 협조체제를 구축할 수 있는 기반을 만들고자 노력해야 할 것입니다.

　　다른 나라의 내셔널리즘을 비판할 때에는 당연히 자국의 과거 내셔널리즘에 대한 내부 비판이 전제가 되어야 한다고 생각합니다. 이 책에서는 제2차 세계대전 이전의 근대일본 역사를 소재로 하여 허심탄회하게 과거의 사실을 재고찰하려 노력했습니다.

이 시기 일본의 역사는 끊임없이 거듭되어 일어났던 전쟁과 분리해서 생각할 수 없습니다. 특히 1894~1895년의 청일전쟁은 한반도 지배권을 둘러싸고 일본과 청국이 벌인 전쟁이었는데, 저는 이 전쟁의 목적이 한반도의 지배권 확보에 있었음을 중시하여 청일전쟁을 '제1차 조선전쟁'으로 볼 수 있다고 강조했습니다.

마찬가지로 1904~1905년의 러일전쟁 역시 한반도 등의 지배권을 둘러싸고 일본과 러시아가 벌인 전쟁이었습니다. 그런데 전쟁이 일어난 직후부터 전쟁이 끝날 때까지 일본은 강제로 대한제국을 보호국화했던 사실을 간과해서는 안 될 것입니다. 따라서 러일전쟁의 목적 역시 한반도를 일본의 지배권 아래에 두고자 했던 것이므로 러일전쟁을 '제2차 조선전쟁'으로 볼 수 있겠습니다.

이들 '제1차·제2차 조선전쟁'이라는 개념은 지금까지 일본학계에서는 쓰이지 않는 표현입니다만, 제가 이 표현을 고집한 데에는 몇 가지 이유가 있습니다. 일본에서는 지금도 청일전쟁과 러일전쟁을 연결시켜서 '청일·러일전쟁'이라 부르는 경우가 많습니다. 이렇게 부르면 일본·청나라·러시아라고 하는 교전국交戰國 이름만 강하게 인지되기 때문에 한반도가 전장戰場이었다는 것, 특히 중요한 전쟁의 목적 자체가 한반도의 지배권 획득 문제였다는 점이 쏙 빠져버리고 맙니다.

그리고 '청일·러일전쟁'이라 부르면, 두 전쟁 다 일본이 이겼기 때문에 메이지明治 천황이 지배하던 메이지 시대는 영광스럽고 찬란했다는 '메이지의 영광'을 찬미하는 관념으로 연결되기 쉽습니다. 청일전쟁에서 일본이 청나라에게 이긴 것은 사실이지만, 러일전쟁에서는 일본이 러시아에게 이겼다고 보기 어렵습니다. 쓰시마 앞바다에서 벌인 해전에서는 일본해군이 분명히 이겼지만, 대륙에서 벌인 몇 번의 접전에서 일본육군은 러시아군을 포위·섬멸시키지 못했습니다. 군사적으로 봐도 일본과 러시아는 '무승부' 또는 '상처투성이'의 결과를 남겼습니다. 재정·경제 면에서 봐도 당시 국력상 한계에 이르렀음을 일본정부는 자각하고 있었습니다. 그렇기 때문에 쓰시마 앞바다 해전에서 승리한 직후 바로 미국에게 강화 교섭을 알선해달라고 부탁했습니다.

청일전쟁과 러일전쟁을 연결해서 '청일·러일전쟁'이라고 일컫는 순간 한반도의 중요성이 퇴색되면서 '메이지의 영광'이 전면에 부각되는 것은 커다란 문제점을 안고 있습니다. 막강한 영향력을 행사하는 국민작가 시바 료타로司馬遼太郎는 그의 소설 『언덕 위의 구름坂の上の雲』에서 러일전쟁을 치르는 메이지 시대를 '밝은 메이지'라 하는 한편, 제2차 세계대전에서 패배하는 쇼와昭和 시대를 '어두운 쇼와'로 대비시켰습니다. 이러한 대비법이 일본인

의 역사 감각을 혼란시키고 말았습니다.

저는 이 책에서 일본의 정치계·경제계에 많은 인사로부터 칭송받고 있는 시바 료타로가 역사를 파악하는 방식, 이른바 '시바 사관史觀'에 대해 반론을 제기했습니다. 또한 '시바 사관'에 촉발되어 왜곡 기술된 역사수정주의 입장에서 쓰인 역사교과서의 기본 서술방식에 대해서도 반대합니다. 이러한 교과서들은 단순히 복고·국수주의 관념에 지나치게 집착할 뿐만 아니라 역사인식에서 가장 기초가 되는 역사적 사실조차 잘못 파악하는 등 많은 문제가 있기 때문입니다.

오늘날 일본인이 동아시아 근대사를 정면으로 마주하려 할 때 한반도와 중국과의 관계를 빼놓고는 생각할 수 없습니다. 또한 전쟁과 식민지 지배 문제를 빼놓고 생각할 수도 없습니다. 이 책에서는 근대일본과 한반도·중국과의 관계를 주로 전쟁을 축으로 해서 생각해봤습니다. 특히 청일전쟁과 러일전쟁을 중점적으로 다루었고, 청일전쟁 5년 뒤에 발생한 중국과의 의화단전쟁, 러일전쟁 5년 뒤에 일어난 한국병합을 같이 검토했습니다.

또한 이후의 시기에 대해서도 '세계대전'이 일본에 미친 영향, 특히 중국과의 관계를 결정적으로 악화시킨 21개조 요구 및 산둥 반도 이권 요구, 시베리아 출병, 군축문제와 테러리즘 문제 등에 대해서도 간략하게 언급했습니다. 이러한 여러 문제는 일본이 '만주사변'이라 부르는 중국동북침략이 '다음 세계대전'의 방아쇠가 되었고, '지나사변'이 일어나 중국 전 지역 침략으로 확대된 뒤에는 중국침략에 대해 손쓸 수 없게 되면서 미국·영국·네덜란드, 그 밖에 다른 아시아 여러 나라와 정면충돌하는 '대동아전쟁'으로 치닫게 되는 불씨가 되었습니다.

'제1차 세계대전'이라 명명하지 않고 '세계대전'으로, '제2차 세계대전'이라 하지 않고 '다음 세계대전'이라고 부른 것은, 단순하게는 제2차 세계대전이 일어나기 전까지는 누구도 '제1차' 세계대전이라고 부르지 않았기 때문입니다. 하지만 제가 제4장과 종장終章의 제목을 '세계대전: 그 영향'과 '다음 세계대전: 그 징조'라고 붙인 데에는 좀 더 깊은 뜻이 담겨 있습니다.

동아시아에서 제2차 세계대전이 일본의 패배로 종결된 후 중국에서는 1949년까지 국민당과 공산당 간의 내전이 있었고, 한국에서는 1950년에서 1953년까지 심각한 한국전쟁을 치렀습니다. 1952년까지 미국군을 중심으로 하는 연합국 군대의 점령하에 놓여 패전을 맞이했던 일본은 직접적으로 전장戰場이 되지는 않았습니다. 1946년 공포公布한 국민주권·평화주의·인권존중의 3원칙 아래 성립된 일본국헌법을 기저로 평화롭게 '전후戰後 70년'을 영위할 수 있었습니다.

　1868년부터 1945년까지 전전戰前 일본의 77년간은 거의 5년에 한 번꼴로 계속 전쟁이 일어나던 시대였습니다. 반면 1945년에서 2015년까지 전후 70년간은 전쟁 방기放棄·전력戰力 보유 금지·교전권交戰權 부정을 정한 헌법 제9조의 규정하에 전전戰前과는 대조적으로 평화로운 시절이었습니다. 일본에서는 1945년을 기점으로 전쟁의 시대와 평화의 시대가 양분되었던 것입니다.

　그러나 70년간 지속되어온 평화로운 '전후'시대가 앞으로도 지속될 것인가에 대해서는 일본의 최근 상황을 보면 걱정스럽습니다. 정권정당이 '일본국헌법 개정'을 정강政綱으로 내걸고 먼저 헌법개정 절차를 간소화하고자 했습니다. 하지만 이것이 여론의 강한 반대에 부딪히자 작년2014 7월 1일에는 입법부에 자문을 구하지도 않고 행정부 단독 각의결정으로 헌법 해석을 바꾸려는 이른바 '해석 개헌'을 강행했습니다. 이것은 법적으로는 거의 쿠데타에 가까운 수법으로 지금까지 각 정권에서 일관되게 부정해온 집단적 자위권을 용인하기에 이른 것입니다. 이 움직임은 올해2015에도 계속되어 4월 27일 미·일방위 가이드라인이 18년 만에 개정되었습니다. 이어 29일에는 아베 신조安倍晋三 수상이 일본 의회에 자문을 구하기도 전에 외국인 미국의회에서 안전보장법제를 금년 여름까지 성립시키겠다고 '공약公約'해버렸습니다.

이렇게 해서 2015년 5월에서 9월까지 긴 여름 동안 일본에서
는 안전보장문제로 인해 여론이 둘로 나뉘었습니다. 일본의 자위
대 무제한 해외파병 법안을 아베 내각이 7월 15일에 중의원 특별
위원회에서 강행 체결해 이튿날 16일에 중의원 본회의를 통과시
켰습니다. 이를 반대하는 청년과 중년, 고령자 등 각 세대별 시민
이 국회 주변거리에서 데모를 벌였습니다. 중의원 심의가 예정보
다 늦어져 9월 중순까지 지속되는 상황이 벌어진 것입니다.

이 상황에 대해서는 '안전보장법제를 반대하는 학자모임'이
6월에 결성되었습니다. 9월 18일 현재 1만 4,120명의 학자·연구
자를 비롯해, 여기에 찬동하는 3만 957명의 시민, 학자와 시민이
학생들의 자발적인 조직인 '자유와 민주주의를 위한 학생긴급행
동Student Emergency Action for Liberal-Democracy(SEALDs)'과 전국 각지의 '헌법 9조
모임'이나 '전쟁 반대, 9조 개정 반대! 총집결 운동' 등에 동참해
모두가 함께 강력하게 저항해왔습니다. 하지만 9월 17일 참의원
특별위원회에서 강행체결, 오늘 19일 새벽에 참의원 본회의에서
'가결 성립'이 되고 말았습니다.

이러한 행동은 전후 70년, 일본의 국시國是로 확립했던 평화주
의를 근본적으로 부정하려는 것입니다. 동시에 헌법 제99조에 의

해 규정된 헌법존중·옹호의무가 있는 수상과 관료, 국회의원이 이것을 공공연하게 무시하고, 헌법 제98조에 의해 무효화되어 있는 헌법 위반 법률을 가결시킴으로써 민주주의도 입헌주의도 무시하고 있습니다.

1945년 8월 이후 70년간 지속되어온 평화로운 '전후'는 2015년 9월 18일로 끝이 나고 9월 19일부터는 '다음 대전'으로 한 걸음 내딛는 '전전'戰前으로 바뀌었다고 파악해야 할지도 모르겠습니다. 9월 18일은 1931년 류탸오후柳條湖 사건으로 만주사변이 일어난 날을 연상시킵니다. 전전戰前 일본이 이날부터 14년간 중국을 비롯해 아시아를 침략했고, 중국·미국을 포함한 연합국 군대에 패하기까지 아시아 각지에서 살육을 자행했던 것입니다.

그러나 만약 지금의 일본이 '전전'戰前을 향해 내딛는 터닝 포인트가 되었다 하더라도 진행방향과는 반대방향으로 더 큰 힘을 가해야 할 것입니다. 그럼으로써 앞으로 30년 후의 일본이 평화로운 상태를 유지한 채 '전후 100년'을 맞이할 수 있도록 날마다 노력을 아끼지 않아야 할 것입니다.

올해는 안전보장문제뿐만 아니라 역사인식 문제도 크게 이슈가 되었습니다. 전후 70년임과 동시에 1965년 한일기본조약한일협정이 체결된 지 50년째이기 때문입니다. 하지만 올해 6월 22일 국교정상화 기념행사에서는 양측의 대사관 리셉션에 양국 수뇌를 초청하는 일이 막바지에 겨우 성사될 정도로 양국의 외교관계는 얼어붙어 있는 상태입니다.

올해는 일본이 중국이나 미국 등 연합국에게 패전한 지 70년째이기도 하므로 아베 수상이 '전후 70년 수상담화'를 발표할지 아닐지, 만약 발표할 경우 어떤 내용의 담화가 될지에 대해 봄부터 크게 화제가 되었습니다. 특히 전후 50년째인 1995년에 발표한 「무라야마 담화」에서 "식민지 지배와 침략을 반성하고 사죄한다"고 표명했던 것과 관련해, 역사인식 측면에서 무라야마와 전혀 다른 태도를 보이고 있는 아베가 어떤 내용으로 발표할지에 대해 많은 이목이 집중되었습니다.

일본의 역사학·국제법학·국제정치학 전문가 74명은 7월 17일에 「전후 70년 총리담화에 대해」라는 제목으로 공동 성명을 발표했습니다. 전문가들은 아베 총리로 하여금 담화에서 "저는 과거의 일본이 침략전쟁과 식민지 지배를 행한 것을 반성하고 사죄합니다"라고 단적으로 명확하게 표현할 것을 요구했습니다. 그러나 8월 14일에 각의결정을 거쳐 발표된 아베 수상의 「전후 70년 총리담화」는 너무나 불충분한 것이었습니다. 74명의 전문가의 성명으로 요구한 내용이 유감스럽게도 거의 반영되지 않았습니다.

「아베 담화」에는 침략전쟁과 식민지 지배를 추진한 주체가 명시되지 않았고, 반성과 사죄의 주어도 명확히 제시되지 않았습니다. 식민지 지배에 대해서는 일반론 수준에서 언급했고, 간접적인 표현으로 '사과謝び'했습니다. 하지만 「무라야마 담화」에 포함되어 있던 문언文言과 단어 들이 맥락 없이 단순히 단어만 열거된 것에 지나지 않거나, 과거의 사실로만 언급하거나 간접 인용하는 데 그쳤습니다.

이러한 「아베 담화」는 분량은 길었지만 러일전쟁이 조선 지배를 강력하게 추진시켰음을 간과한 내용으로 스스로 역사인식이 결여되어 있음을 그대로 드러내고 말았습니다. 이것은 역사파악 방법이 근본적으로 잘못되었다고 말해야 할 것입니다. 「아베 담화」에서는 러일전쟁이 세계의 반反식민지운동을 격려한 것이라고 했습니다. 하지만 이 발언은 러일전쟁이 한창이던 때에 일본이 한국의 식민지화를 급속히 진행시켰다는 사실을 전혀 인지하지 못하고 있다는 방증입니다. 한반도에 대한 언급이 거의 없고, 식민지 지배의 책임도 애매하게 처리되고, 명확한 자기비판도 없었던 점은 큰 문제입니다. 「무라야마 담화」·「고이즈미 담화」보다 훨씬 후퇴한 담화문이었다고 하지 않을 수 없습니다.

하지만 한편으로는 본래 처음에 아베 수상이 기획한 담화 내용은 「무라야마 담화」를 역사수정주의로 덮어씌워 부정하려 한 것이고, 나아가 '반성'은 하지만 '사죄'는 하지 않으며, '침략'이라는 단어도 사용하지 않으려는 자세를 취했던 것입니다.

따라서 이 점을 생각하면 맥락을 무시한 채 단어만 골라 썼다고는 해도 '반성' '식민지 지배' '침략' '사죄'라는 단어를 포함하지 않을 수 없게 된 상황은 안전보장법안 반대운동이 급속히 확산되고 내각 지지율이 급락하는 민중의 힘에 직면하면서 당초의 구상을 포기하고 결국에는 가장 꺼려했던 '사과'라는 말을 넣을 수밖에 없었던 것으로 해석됩니다.

오히려 올해 8월 15일 전국 전몰자戰沒者 추도식에서 연설한 아키히토明仁 천황은 간결하지만 분명한 어조로 새로이 "평화의 존속을 간절히 바라는 국민의식"을 처음으로 언급해 평화의식을 강조했습니다. 또한 지난 전쟁에 대해서도 처음으로 "깊이 반성" 한다고 표명했습니다. 「아베 담화」보다 아키히토 천황의 연설에 더 주목하고 싶습니다.

저는 '침략전쟁과 식민지 지배를 반성하고 사죄한다'는 19자로 전후 70년 역사인식을 간결하게 표현할 수 있다고 생각합니다. 하지만 「아베 담화」에는 이렇게 기본적인 역사인식이 근본적으로 결여되어 있을 뿐만 아니라 회피하는 데에만 급급해서 전후 50년 때 발표한 「무라야마 담화」조차 계승하지 못했던 것으로 보입니다. 이렇게 느끼는 것이 저뿐만은 아닐 것입니다. 「아베 담화」를 들은 일본의 일반 대중도 비슷한 감상이었을 것입니다.

평화존속을 위해 필요한 것은 전전戰前에 일본이 벌인 전쟁에 대한 정확한 역사인식일 것입니다. 이 책에서는 전쟁·한반도·중국이라는 세 요소에 중점을 두면서, 개별 전쟁에 대한 세세한 내용보다는 동아시아 속에서 전전戰前 일본이 다른 나라에 어떤 행위를 취했는지 스케치해보았습니다.

이 책은 어디까지나 일본 근대 역사를 주제로 하면서 한반도나 중국과의 관계를 생각한 것이므로 한국 독자 여러분께는 좀 더 자세히 설명해드려야 할 부분이 많을 것으로 생각됩니다. 부족한 부분에 대해서는 기탄없는 질책과 비판 부탁드립니다.

끝으로 이 책을 번역하느라 애써준 김연옥 박사와 오랜 세월 저를 한국 학계와 인연을 맺게 해준 선재원 교수의 호의에 깊은 감사를 드립니다. 더불어 출판을 맡아주신 살림출판사의 심만수 대표님, 서상미 편집부장님께도 감사의 말씀 전합니다.

2015년 9월 19일

하라 아키라

근대일본의 전쟁에 대해

"청일·러일전쟁의 목적은 한반도를 차지하는 데 있었다.
따라서 "청일전쟁은 제1차 조선전쟁인 셈이며,
러일전쟁은 제2차 조선전쟁이라 불려야 한다."

'전쟁'과 '평화'

올해[2014]는 제1차 세계대전이 발발한 지 꼭 100년이 되는 해입니다. 100년 동안 세계 '총력전'이라 불릴 만한 세계대전을 두 번이나 겪은데다가 40년이 넘는 오랜 시간 동안 '냉전'을 경험했습니다. 전 세계 사람들은 세계대전이 또 일어날까봐, 특히 제2차 세계대전 후 핵무기를 보유하면서부터는 제3차 세계대전이 벌어질까봐 우려했습니다. '냉전' 종결 후 25년이 흘렀는데도 다양한 형태로 계속되는 국지전을 경험하면서 100년을 지내온 셈입니다.

전 세계적인 관점에서 보면 대체적으로 '전쟁'과 '평화'의 시대가 반복되어왔다고 할 수 있겠습니다. 하지만 개개의 국가, 각 지역의 시각으로 보면 그렇게 간단하게 설명할 수 없습니다. 세계대전 이전은 물론 세계대전 중, 나아가 세계대전 후 '평화'로운 시대에도 전쟁은 다양한 형태로 끊임없이 이어져왔습니다. '냉전'시대에도 일부 지역에서는 '열전熱戰'이 지속되기도 했습니다.

일본지역을 살펴보자면, 제2차 세계대전 패배 이후 현재까지 69년 동안 헌법에서 전쟁 방기放棄를 선언한 일본은 자진해서 전쟁을 일으킨 적은 없습니다. 전후 70년 동안 미군기지가 주둔해 있었기 때문에 한국전쟁이나 베트남 전쟁 시에도 병참기지나 출격지가 된 적은 있습니다. 하지만 일본이 주체가 되어 일으킨 전쟁은 없습니다.

이 점에서 일본의 '전후 쇼와·헤이세이平成'라는 시대는 그전의 '메이지·다이쇼大正·전전 쇼와' 시대와는 완전히 다릅니다.

하지만 그렇다고 해서 '전후 쇼와·헤이세이' 일본이 전쟁과 전혀 상관없다고 할 수는 없습니다. 제2차 세계대전에서 패한 뒤 연합국 점령하에서 개혁을 추진한 '전후 쇼와' 시대는 미국·소련의 냉전하에 한국전쟁이라는 특수特需를 계기로 고도의 경제 성장을 이룩해 두 번의 석유파동의 위기를 견뎌냈습니다. 그 뒤 미국과 소련의 냉전이 종결된 1989년에 쇼와에서 헤이세이 시대로 바뀌었습니다. 그 사이에도 일본은 자진해서 전쟁을 일으키지 않는 평화국이 되긴 했으나, 그 평화는 일정 부분 미군기지에 의존하는 면이 있었습니다.

어쨌든 제2차 세계대전 패전 후 일본은 약 70년 가까이 평화로운 긴 '전후' 생활을 영위해왔습니다.

긴 '전후'의 의미

그러면 이 '전후 쇼와·헤이세이'라는 긴 '전후'는 도대체 무엇으로 지탱되어온 것일까요?

앞서 얘기한 것처럼 일본국 헌법의 존재, 미국 소련의 냉전체제라는 국제환경 등 다양한 요인을 꼽을 수 있지만, 유감스럽게도 이 긴 '전후'의 시기가 일본과 인근 국가들 간의 친밀한 관계 속에 유지되어왔다고 할 수는 없습니다.

일본어 중에 이웃을 나타내는 말로 '맞은편 세 집과 좌우의 두 집向う三軒両隣'이라는 표현이 있습니다. 말뿐만이 아니라 실제로도 자신의 집과 맞은편 집, 맞은편 집의 양옆과 자택의 양옆, 이렇게

여섯 가구가 실제 생활하는 데 관련이 깊게 마련입니다. 이들은 서로 얼굴과 이름을 잘 알고 매일 마주하며 인사를 나누는 사이입니다.

그런데 오늘날의 대도시에서는 어떻습니까? 맞은편 집이나 양옆집 사람의 이름은 문패로 알 수 있다고 치고, 각 댁의 안사람은 모른다 쳐도, 바깥양반의 얼굴은 알고 있나요? 자녀의 직업은 알고 있나요? 인사를 나눈 적이 있는지요? '이웃'이라는 표현이 있지만, 제 생각에는 요즘 '이웃'의 범위가 점점 좁아지고 있는 듯합니다.

화제가 조금 다른 길로 샜습니다만, 나라와 나라 간의 교제도 이웃 간의 사귐과 비슷합니다. 마주보고 있는 한국·북한·중국, 넓게 보자면 양옆집이라고 할 수 있는 러시아 동부와 동남아시아, 그곳에서 살고 있는 사람들의 생활과 감정에 대해 우리는 얼마나 구체적으로 알고 있는지요? 자신의 집에서 아주 멀리 있는 미국이라는 이른바 집주인이 있고, 그 집주인의 세입자 같은 생활 스타일에 자신도 모르는 사이에 익숙해진 것을 얼마만큼 느끼고 있는지요? 이웃사람이라면 이사라는 선택지가 있지만 나라는 옮길 수도 없기에 국가 간의 교제인 외교는 매우 중요합니다.

오늘날의 이웃나라와의 관계를 보면서 역사인식, 영토 문제 등을 비롯해 중일, 한일 간의 대립이 점점 격해지고 있다고 느끼는 것은 비단 저뿐만이 아닐 것입니다. 최근의 긴장감 도는 정세를 보고 있노라면 어쩌면 그동안의 긴 '전후'가 어느 한순간에 '전전'의 상황으로 전환되어버릴까 걱정스럽습니다.

근대일본과 전쟁

저는 역사연구자로서 오랫동안 중일전쟁 무렵의 전시戰時 경제사 연구에 몰두해왔습니다. 1937년 7월 7일 루거우차오蘆溝橋 사건[1]을 발단으로 중일전면전쟁이 개시되고, 1941년 12월 8일 말레이반도 코타발 상륙과 진주만 공격을 발단으로 하는 태평양전쟁 ― 최근에는 아시아 태평양전쟁이라고도 합니다만 ― 당시의 명칭으로는 '대동아전쟁' 개전 직전까지 불과 4년 5개월 동안, 당시의 정식명칭으로는 '지나支那사변' 시기에 극한으로 치닫는 일본의 경제상황에 대해 줄곧 연구해왔습니다.

패전 당시 초등학생 1학년이던 저는 B29가 공습하러 올 때마다 방공호에 몸을 숨기는 것이 제가 할 수 있는 일의 전부였습

---

1 1937년 7월 7일에 베이핑(北平: 오늘날의 베이징 시) 서남쪽 방향 루거우 다리에서 일어난 일본군과 국민혁명군 제29군의 충돌사건. 루거우 다리 부근에서 야간 훈련 중이던 일본군 중대에서 총소리가 들린 뒤, 일본군 병사 한 명이 행방불명이 되는 일이 발생. 행방불명되었던 일본군 병사가 복귀했지만, 중국 주둔지역 내 수색 요청을 시도. 중국군이 이를 거절하자 전투태세에 돌입. 7월 8일 루거우차오를 점령. 7월 11일 현지에서 잠정적으로 정전협정을 체결. 일본정부는 이 사건이 '중국 측의 계획적인 무력 사용'이라 단정하고, 중국에 전면적인 파병을 발표. 일본군과 협상은 결렬되고 곧 일본군은 전면적인 공격을 개시하여 중일전쟁이 시작됨.

니다. 하지만 왜 일본이 중국·영국·미국·네덜란드를 상대로 전
쟁을 했는지, 특히 경제적인 측면에서 볼 때 전쟁을 해야만 하는
이유가 도대체 무엇이었는지에 대한 의문이 저를 떠나지 않았
습니다. 제가 대학원에서 전시 경제를 연구 테마로 정하게 된 계
기도 바로 이 궁금증을 풀기 위해서였습니다.

　하지만 중일전쟁과 태평양전쟁의 원인을 생각할 때 역사연구
자로서 당연히 그 이전 상황인 '만주사변'이나 제1차 세계대전도
공부해야 하며, 더 앞선 시기의 청일·러일전쟁까지도 거슬러 올
라가 검토해야 합니다. 또한 청일전쟁이나 러일전쟁을 생각할 때
에도 대전對戰국이었던 중국이나 러시아뿐만 아니라, 두 개의 전
쟁이 한국과 상당히 깊이 관련되어 있는 점을 감안하여 일본이
조선을 개국시킨 1876년 조일수호조규朝日修好條規: 강화도조약, 나아가
그전의 이른바 '정한론征韓論'까지 검토해야 할 필요가 있습니다.

　이 책의 목적은 '전쟁'을 테마로 '근대일본'을 고찰해가면서 오
늘날 이웃나라 간의 관계의 원점이 되는 요소를 다시 검토하는
것입니다. 하지만 간단히 '근대일본과 전쟁에 대해 생각한다'고
정의한다 한들 그 범위는 실로 방대합니다.

　무턱대고 검토시기를 넓혀버리면 정리가 되지 않습니다. 따라
서 이 책에서는 '근대일본'이 처음으로 일으킨 두 개의 대외전쟁

인 청일전쟁과 러일전쟁에서 제1차 세계대전까지의 시기를 중점적으로 다룰 것입니다. 그러면서 당시 일본과 동아시아 여러 국가 간의 군사적·정치적 관계, 나아가 당시 일본인이 아시아 여러 나라에 대해 어떻게 인식하고 있었는지를 중심으로 얘기를 풀어가고자 합니다.

종장에서는 제1차 세계대전 종결 후에서 제2차 세계대전 개시 전까지의 상황을 간단히 언급하고자 합니다. 이 책에서 다루는 시대는 '메이지·다이쇼·전전 쇼와'입니다. '전중戰中 쇼와'에 대한 상세한 언급은 이 책에서는 생략하도록 하겠습니다.

'전전'이라는 시대

그러면 이 책에서 다룰 '메이지·다이쇼·전전 쇼와'란 도대체 어떤 시대였을까요? 이 또한 간단히 설명할 수 있는 문제는 아니지만, '전쟁'을 소재로 풀어간다면 조금이나마 쉽게 전달할 수 있을 것 같습니다.

메이지 시대는 보신戊辰 전쟁[2]과 세이난西南 전쟁[3]이라는 두 개의 국내전을 거쳐 성립되었습니다.

또한 1894~1895년 청일전쟁과 1904~1905년의 러일전쟁이라

---

2 1868년에서 1869년까지 사쓰마(薩摩) 번과 조슈(長州) 번이 중심이 된 신정부군(新政府軍)과 구막부(舊幕府) 동맹세력이 벌인 일본 내전. 전쟁 명칭은 1868년의 간지(干支)가 보신(戊辰)이었던 데서 유래. 신정부가 승리하면서 일본을 통합하는 정부로 메이지 정부가 국제적으로 승인받게 됨.

3 1877년 신정부의 방침에 불만을 품은 사이고 다카모리(西郷隆盛)를 주축으로 한 사족(士族)세력들이 일으킨 무력 반란으로, 지금의 구마모토(熊本)·미야자키(宮崎)·오이타(大分)·가고시마(鹿児島) 지역을 중심으로 봉기함. 메이지 초기 발생한 사족반란 가운데 최대 규모였음.

는 두 번의 대외전쟁에 의해 메이지 일본은 조선을 지배하에 두게 됩니다. 다이쇼 초기에 일어난 1914년에서 1918년 제1차 세계대전에서는 '대독對獨전쟁'에 의해 산둥山東 성과 남쪽 지역 여러 섬을 약탈하고, 1931년 '만주사변중국동북침략'에서 1937년의 '지나사변중일전면전쟁', 나아가 1941년의 '대동아전쟁아시아 태평양전쟁'에 이르기까지 전쟁은 지속됩니다.

이 '메이지 · 다이쇼 · 전전 쇼와'까지의 일본을 한마디로 표현할 때 거의 10년마다 한 차례씩 전쟁을 일으킨 나라로 종종 일컬어집니다. 그러나 더 자세히 살펴보면 이 시기 일본은 거의 5년에 한 번 꼴로 전쟁 또는 출병을 일삼던 나라였다고 표현하는 편이 더 정확할 것입니다.

1894~1895년 청일전쟁 후에는 일본은 곧 '타이완 정복전쟁'을 치릅니다. 또한 청일전쟁과 러일전쟁의 딱 중간 시점인 1900년에는 의화단 진압전쟁, 이른바 '북청사변'에 8개국 연합군의 일원으로 출병했습니다. 이 전쟁은 예전에는 '의화단의 난'이라 불렸지만 최근에는 '의화단전쟁'이라고도 합니다. 요즘 중국에서는 '8개국 연합국의 난' '의화단운동'이라고도 부릅니다.

이 '전쟁'에서 출병의 주력은 일본이었으며 그로부터 2년 뒤인 1902년에 성립된 영일동맹의 전제가 된 전쟁이었다는 점에서 일본이 잊어서는 안 되는 사변입니다. 하지만 그 직전의 청일전쟁과 그 직후의 러일전쟁 사이에 끼어 일어난 일이기도 한 탓에 오늘날에는 일반적으로는 거의 잊혀져가는, 또는 잊혀진 전쟁이라 해도 과언이 아닐 것입니다.

그리고 1904~1905년 러일전쟁 후에는 1910년에 한국을 병합해 국내의 의병투쟁을 진압하고, 1914년 제1차 세계대전에 참전해 중국에서의 권리를 확대해나갔습니다. 그리고 1918년 대전이 휴전상태가 된 후로도 계속해서 시베리아에 출병해 러시아 혁명에 개입해 1922년까지 장기간 주둔했습니다. 1927~1928년에는 중국국민혁명에 개입해 3차에 걸쳐 산둥 출병을 단행했습니다. 게다가 당시 '만주모某중대사건'이라고 불리던 장쭤린張作霖 폭살사건[4]을 일으켰고, 쇼와 공황 상태이던 1931년에 '만주사변'을 일으켰으며, 1937년에는 '지나사변', 1941년에는 '대동아전쟁'으로 이어졌습니다.

장쭤린 폭살사건은 '만주사변'의 발단이 된 류탸오후 사건[5]의 예행연습 격이었습니다. '만주사변'도 일본군의 진출 무대가 만주지역에 국한된 것이 아니라 일시적으로는 화북지역까지 진출했습니다. 일본군은 거기서 그치지 않고 베이징北京이나 톈진天津의 바로 인근 동쪽을 공격해 비무장지대를 만든 뒤, 다시 만주로 진격했습니다. 이 비무장지대가 '지나사변'의 발판이 되었습니다. 이 '지나사

---

4 1928년 6월 관동군 참모 가와모토 다이사쿠(河本大作) 등에 의해 펑톈(奉天) 교외에서 일어난 사건. 진상이 밝혀지지 않아 의회에서는 '만주모중대사건'으로 불림.
5 1931년 9월 18일 일본은 이 지역에서 남만주철도를 폭파한 뒤 중국의 소행으로 덮어씌운 후 펑톈 군벌의 주둔지인 베이다잉(北大營)을 기습한 사건을 말함.

변'을 종결시키고자 일본은 베트남 북부—당시에는 프랑스령 인도차이나—에 군을 진주進駐시켰고, 베트남 남부로도 진출하려 했습니다. 그런데 그때 미국·영국이 일본에 대한 대항조치로 자산을 동결시키고 석유 수출을 전면 금지시키면서 전쟁은 '대동아전쟁' 국면에 돌입하게 됩니다.

이러한 일련의 전쟁, 출병 사실을 추적해보면 근대일본은 이웃국가인 한국·중국·러시아 사이에서 거의 끊임없이 분쟁을 반복하며 번번이 군사행동으로 이를 해결하고자 해왔습니다.

즉 일본은 '메이지·다이쇼·전전 쇼와' 시대까지 이웃나라와 전쟁으로 대면하는 관계를 맺어왔습니다.

청일·러일전쟁='조선전쟁'

그런데 올해2014는 제1차 세계대전이 일어난 지 100년이 되는 해이자 청일전쟁이 발발한 지 120년째이며 러일전쟁이 발발한 지 110년째이기도 해서 청일·러일전쟁과 관련된 수많은 책이 출판되었습니다. 이 두 전쟁에 대한 관심이 여전히 높은 듯합니다.

그중에서도 오타니 다다시大谷正의 『청일전쟁』, 하라다 게이이치原

田敬一의 『청일·러일전쟁』, 야마무로 신이치山室信一의 『러일전쟁의 세기』, 요코테 신지橫手慎二의 『러일전쟁사』 등 문고판 서적 중에도 최근 연구성과를 압축해서 정리해둔 좋은 책이 많이 출간됐습니다.

앞서도 말씀드렸습니다만, 제 전공은 중일전쟁시기 일본경제이므로 각각의 전쟁에 대한 상세한 설명은 위의 책들을 참고해주시는 것으로 하고, 저는 이 책에서 청일·러일전쟁부터 제1차 세계대전까지 큰 역사의 맥락을 짚어가며 '근대일본의 입장에서 바라본 전쟁' '근대일본의 입장에서 본 한반도와 중국'에 대한 저 나름의 조감도를 독자 여러분께 제시하고자 합니다.

여기서 제가 서술하고자 하는 요점을 미리 언급해두고자 합니다.

120년 전에 일어난 청일전쟁은 그 이름에서 알 수 있듯이 일본과 청국 간의 전쟁이었지만, 그 전쟁의 목적이 한반도의 지배권 쟁취였던 만큼, 오히려 '제1차 조선전쟁'이라 부르는 편이 더 적절할 것 같습니다.

마찬가지로 110년 전 러일전쟁도 그 명칭에서 드러나듯이 일본과 러시아 간의 전쟁이었습니다만, 이 전쟁 역시 목적은 한반도를 차지하는 것이었으므로 '제2차 조선전쟁'이라 이름해도 좋을 것입니다. 이것이 제가 이 책에서 첫 번째로 강조하고자 하는 주장입니다. 단순한 명칭 문제에 불과한데 괜히 쓸데없이 고집하는 것 아니

냐며 의아해하실 독자분도 계실 것입니다. 하지만 결코 그렇지 않습니다.

예를 들면 '제1차 세계대전'이라는 명칭을 생각해봅시다. 저도 이미 계속해서 사용했던 단어이지만, 지금은 누구나 이 전쟁을 아무런 의심 없이 '제1차 세계대전'이라 부르고 있습니다.

하지만 '제2차 세계대전'이 일어나기 전만 해도 당연히 '제1차 세계대전'이라 불리지 않았습니다. 단순히 '세계대전' '세계전쟁' 등으로 불렸습니다. 영국에서는 제2차 세계대전이 아니라 '제1차 세계대전'을 'The Great War'로 정관사를 붙여 사용하고 있습니다. 이것은 영국 입장에서 제2차 세계대전보다 훨씬 타격이 컸기 때문입니다.

마찬가지로 '청일전쟁' '러일전쟁'도 당시에는 '청일전역^{日淸戰役}' '러일전역^{日露戰役}'으로 불렸습니다. 지금도 공문서 상으로는 '청일전역^{日淸戰役}' '러일전역^{日露戰役}' 또는 '메이지 27~28년 전역^{明治二十七八年戰役}' '메이지 37~38년 전역^{明治三十七八年戰役}' 등의 이름으로 분류되어 있습니다.

훗날에 전쟁 '명칭'이 정착되고 나면 그 '명칭'과 전쟁 당시에는 실제로 어떻게 불렸고, 당대 사람들이 어떻게 받아들였는지에 대한 '사실' 사이에 다소 거리감이 생깁니다. 또한 전쟁 '명칭'과 전쟁 '실상' 사이에도 간극이 벌어집니다.

청일전쟁은 일본과 청국 간의 전쟁, 러일전쟁은 일본과 러시아 간의 전쟁이므로 '청일전쟁' '러일전쟁' 등으로 부르는 것이 당연한 것처럼 보입니다. 그러나 이 전쟁의 목적은 처음부터 마지막까지 한반도의 지배권 쟁탈을 노린 것이었으며, 전장戰場 역시 처음에는 대부분 한반도였습니다. 따라서 이 두 전쟁을 '제1차·제2차 조선 전쟁'으로 칭하는 편이 전쟁의 '실상'에 더 근접한 표현이라고 저는 생각합니다. 전쟁 후반에 중국 남만주 랴오둥遼東 반도에서 전투를 벌이고 점령한 일이 있었기 때문에 조선전쟁으로 부르는 데 문제가 있지만, 이것 역시 어디까지나 조선 지배를 확보하기 위해 벌인 싸움이었습니다. 따라서 크게 보면 따옴표를 붙인 '조선전쟁'으로 표현해도 무방할 것입니다.

그리고 청일·러일전쟁을 검토할 때 청일전쟁은 일본이 조선에 적극적으로 진격했다는 점, 또한 러일전쟁 시 일본은 한국을 보호국으로 삼고 실제로는 거의 병합 상태로 만들었던 점, 일반적으로 말하는 1910년 한국병합이란 러일전쟁에서 획득한 지배를 형식적으로 완성한 것에 지나지 않는다는 점을 강조해두고자 합니다.

일반적으로 일본에서 '조선전쟁'[6·25]이라고 하면 전후 1950년에 시작된 한국전쟁을 가리킵니다. 이 점은 저도 익히 알고 있습니다. 하지만 일본과 밀접한 관계를 가진 '조선전쟁'은 약 100년 전 두 차례에 걸쳐 치러졌다고 보는 것이 저의 견해입니다. 이 논리대로 라면 통상적으로 '조선전쟁'으로 칭해지는 한국전쟁은 근현대사의 '제3차 조선전쟁'이었다고 평가할 수 있을 것입니다.

시바 료타로의 『언덕 위의 구름』

그런데 청일·러일전쟁을 다루게 되면 이 두 전쟁의 일반적인 이미지 형성에 지대한 영향을 미친 소설가 시바 료타로[6]의 작품 『언덕 위의 구름』에 대해 언급하지 않을 수 없습니다.

한마디로 표현하자면, 시바가 이 소설에서 묘사하고 있는 청일 ·러일전쟁과 역사연구자가 파악하고 있는 청일·러일전쟁의 역 사적 사실은 매우 다릅니다. 시바의 작품은 훨씬 이전 시기의 작 품이기도 하고, 소설 작품에 대해 실증적 서술을 기대하는 것은 무리한 요구입니다. 하지만 최근에 드라마화되면서 지금도 여전 히 상당한 영향력을 미치는 작품이므로, 청일·러일전쟁을 거론 한다면 잠깐이나마 시바의 작품을 언급하는 편이 적절할 것 같습 니다.

---

6 1923~1996. 소설가. 오사카 출신. 본명은 후쿠다 데이이치(福田定一). 『료마가 간다』를 비롯한 다 수의 역사소설을 써서 명성을 떨침.

『언덕 위의 구름』에서는 조선 문제를 거의 묘사하지 않고 있는데, 그 이유에 대해서 저는 일찍부터 의아하게 생각해왔습니다. 시바는 어릴 적부터 조선에 대해 친근한 감정을 가지고 있었습니다. 또한 재일조선인이 많이 거주하는 히가시 오사카東大阪에서 줄곧 살았으며, 기행이나 대담 등에서도 조선에 대해 종종 언급했습니다. 『길을 가다街道をゆく』라는 장편 시리즈 중 제2권 「한나라 기행韓のくに紀行」이라는 글도 있습니다. 이러한 정황을 생각하면 시바가 조선에 대해 관심이 많았던 것은 틀림없습니다.

하지만 어째서인지 『언덕 위의 구름』에는 조선에 관한 언급이 거의 없습니다. 이것은 우리 역사연구자 입장에서 보면 상당히 의아한 점입니다.

『언덕 위의 구름』에서는 특히 러일전쟁의 뤼순旅順 요새전과 동해해전 전투장면이 클로즈업되어 그려져 있습니다. 그런데 전쟁이라는 것은 전투 묘사만으로는 전해지지 않는 부분이 있습니다. 전쟁 양상을 정확히 이해하기 위해서는 외교·내정·재정·경제·사회·문화 등 다양한 측면에서 조명해야 합니다. 혹시 군사 측면에만 국한시켜 검토할 경우에도 '전쟁 목적'에 대해 정확히 이해하는 것이 중요합니다.

자세한 것은 다음 장 이후에서 언급하겠지만, 청일전쟁이나 러

일전쟁 모두 첫 번째 '전쟁 목적'이 조선 지배권을 얻기 위함이었다는 것은 분명합니다. 더구나 평소 조선에 대해 상당한 지식을 갖고 있었던 시바가 왜 『언덕 위의 구름』에서는 조선 문제에 대해 거의 언급하지 않았는지 의아할 따름입니다. 시바가 청일전쟁에 대해 언급한 부분을 보면 "[청일전쟁 발발의] 원인은 조선에 있다 하더라도, 한국이나 한국인에게 죄가 있는 것이 아니며, 죄가 있다면 한반도라는 지리적 위치를 탓해야 할 것이다. 본래 반도 국가는 유지하기가 어려운 법이다"(『坂の上の雲』, 文春文庫 (2), 1978, 45쪽)라는 정도로 마무리해버렸습니다. 왜 더 자세히 쓰지 않았을까요? 역사연구자 입장에서는 이해하기 어렵습니다.

'밝은 메이지'와 '어두운 쇼와'

이 밖에도 『언덕 위의 구름』을 읽다보면 역사연구자들 사이에서 통설화되어 있는 이미지와는 사뭇 다른 것을 발견하게 됩니다. 예를 들어 유명한 '밝은 메이지 시대'와 '어두운 쇼와 시대'에 대한 대비 문제를 생각해봅시다. 『언덕 위의 구름』이 드라마로 방송되면서 최근에는 청일·러일전쟁시기는 '밝은 메이지'였고, 쇼와 전반기는

'어두운 쇼와'로 대비해서 인식하는 경향이 훨씬 강해졌으며, 일반 대중에게는 이러한 대비적 이미지가 별다른 어색함이나 거부감 없이 받아들여지는 듯이 보입니다. 그러나 바로 이 점이 문제입니다.

예를 들면 시바는 패전하기 전의 쇼와 시대를 '어두운 쇼와'라 하고, 군부가 통수권을 장악한 것을 규탄합니다. 그러나 사실은 그 통수권을 만들고 강화시켰던 것은 '밝은 메이지' 시기에서 비롯됩니다. 시바의 표현을 빌리자면 '밝은 메이지'의 이면에는 당연히 '어두운 메이지'가 있다 했고, 이 점은 시바 본인도 인정하고 있습니다.

그리고 '쇼와' 시대가 어둡기만 한 것은 아니었습니다. 전후의 힘들었던 부흥기를 거쳐, 쇼와 후기에 고도성장기로 접어들었고, 그것이 발전해서 '경제대국'으로 불릴 정도로 성장했습니다. 전전의 '어두운 쇼와' 시대에 겪었던 빈곤함이 상상조차 안 될 만큼 윤택한 생활을 누리게 되었습니다. '어두운 쇼와' 다음에는 '밝은 쇼와'가 있었습니다.

시바는 『언덕 위의 구름』을 「산케이 신문」에 1968년 4월부터 1972년 8월까지 연재했습니다. 이 시기는 제1차 석유 파동 직전으로 일본의 고도성장기 중 최전성기였습니다. 고도성장 속도를 매년 경신하는 시대를 살았던 샐러리맨 독자나 경영자인 독자에게 이 소설은 매우 인기 있었습니다. 성장 일변도를 걷고 있는 쇼와를 살아가는 독자들에게 성장하는 메이지 시기를 그려낸 작품이니만큼, 공감되는 부분이 많았을 것입니다.

이런 의미에서 '밝은 메이지'는 '밝은 쇼와'와 오버랩되었을 것으로 보입니다. 이런 점들이 바로 계속 상승곡선을 그리는 고도성장 시대에 『언덕 위의 구름』이 대호평을 받으며 인기를 모았던 이유일 것입니다.

또한 '밝은 메이지'와 '어두운 쇼와'를 대비시키는 논의에는 다이쇼 시대를 쏙 빼놓고 있다는 점이 문제입니다. 흔히 다이쇼 시대는 헌정옹호운동에서 그 시작점을 잡아 제1차 세계대전의 호경기를 거쳐 평민재상宰相으로 불리던 하라 다카시原敬[7]가 등장하고 보통선거운동[8]·무산無産운동이 일어나고 해군군비축소·육군군비축소가 실현되고 '헌정憲政의 상도常道'인 정권 교체의 룰이 실현된 '다이쇼 데모크라시[9]'로 불리는 이 시기는 전혀 다루지 않았습니다. 이것도 시바의 대비 논법으로 설명하자면 다이쇼 시대의 자리매김은 '밝은 다이쇼' 정도가 될 듯합니다.

원래 특정 시대를 '밝음明'과 '어두움暗'이라는 이분법으로 분류하는 것 자체가 문제입니다만, 굳이 이 도식에 맞추어 근대일본의 역사를 단순하게 나눈다면 '밝은 메이지'→'어두운 메이지'→'밝은 다이쇼'→'어두운 쇼와'→'밝은 쇼와'→'어두운 헤이세이'의 형태를

---

7 1856~1921. 외교관, 정치가. 제19대 내각총리대신 재임 중 조선에서 3·1운동이 일어나자 종래의 헌병경찰제를 폐지하고 문화정책을 표방.
8 무산 계급의 지위향상과 해방을 목표로 벌이는 운동.
9 1910년대에서 1920년대에 걸쳐(대체적으로 다이쇼 시기) 정치·사회·문화 각 방면의 민주자유주의 풍조를 통틀어 일컫는 표현.

밟아왔다고 상정해야 자연스러울 것 같습니다.

얘기가 다소 옆으로 샜습니다. 어쨌든 이 책에서는 시바가『언덕 위의 구름』에서 다루지 않은 청일·러일전쟁시기의 조선 문제, 그리고 시바가 주창하는 '밝은 메이지' 시대상황이 도대체 어떤 것이었는지를 짚어보고자 합니다.

근대일본의 전쟁경험을 되돌아보다

오랫동안 지속된 전후의 '평화'는 전전의 '전쟁'경험을 잊게 하기도 합니다. 그런 의미에서 앞으로도 오래도록 '평화'가 지속되게 하려면 과거를 거슬러 올라가 '전쟁'의 경험을 제대로 생각할 필요가 있습니다.

일본의 전쟁을 다시 살펴볼 때 본래는 아시아 태평양전쟁도 언급하는 것이 적절해 보입니다. 그러나 이 책에서는 일본의 전쟁경험의 회고시기를 청일전쟁에서 제2차 세계대전 직전까지로 한정했습니다. 그 까닭은 일부러 제2차 세계대전 일어나기 전의 감각으로 돌아가봄으로써 현재의 '전후'가 과연 '전전'으로 변질할 가능성이 있는지, 만약 있다면 이를 막기 위해 우리가 알고 있어야 할 과거의 역사적 사실이 무엇인지에 관해 같이 생각해보고자 했기 때문입니다.

청일·러일전쟁을 중심으로 근대일본이 치른 많은 전쟁의 결과 일본이 주변 지역과 어떤 관계를 맺는지, 그 결과 어떤 상황이 생겨났는지를 이 책에서는 그 당시를 경험한 사람의 기억을 되살려 다양한 시대의 분위기를 그려보고자 합니다.

* * *

이 책의 근간이 된 것은 지금부터 2년 전인 2012년 11월 3일 나고야 다자이大宰 재단 초청 강연입니다. 이 강연의 주된 내용은 시바 료타로의 『언덕 위의 구름』을 배경 지식으로 삼아 저 나름의 '청일·러일전쟁론', 즉 사실상 '조선전쟁'이었던 청일·러일전쟁이었음을 제시한 것이었습니다. 강연을 끝내고 강연록을 아는 분들에게 보냈더니 "일본 근대사에서 일어난 전쟁에 대한 요점이 압축적으로 잘 정리되어 있어 유익했다"는 독후감을 받았습니다. 우연히 NHK출판사 편집자가 그 글을 보게 된 것이 인연이 되어 강연내용을 바탕으로 문고판을 출간하자는 제안을 받았습니다.

강연 때 한 얘기를 간단히 요약하자면 이렇게 표현할 수 있겠습니다. 청일전쟁은 제1차 조선전쟁인 셈이며 러일전쟁은 제2차 조선전쟁인 셈이었습니다. 이에 대해 시바는 『언덕 위의 구름』에서 제대로 서술하지 않았으며 시바의 유언과 달리 소설작품을 영상화한 NHK 드라마는 시바가 그 작품에서 불어넣은 원래의 메시지와는 상당히 동떨어지게 묘사된 면이 있습니다.

　이번에 출판을 준비하면서 청일·러일전쟁에 관해 최소한으로 짚고 넘어가야 할 부분, 기초적인 사실을 대폭 추가하면서 또한 러일전쟁 후의 한국병합이나 제1차 세계대전, 21개조 요구, 그리고 그 이후까지를 시야에 넣어 '근대일본 입장에서 본 전쟁' '근대일본 입장에서 본 한반도와 중국' 문제를 생각하는 데 독자에게 좀 더 충실한 내용이 되도록 신경을 썼습니다.

　문체는 강연 때와 마찬가지로 근대일본의 역사를 잘 모르시는 분―가능하면 고등학생 독자―에게도 알기 쉽도록 친절하게 이야기하는 스타일로 썼습니다. 근대일본이 경험한 전쟁에 대한 얘기를 풀어나가면서 현재 동아시아 이웃나라와의 관계에서 알고 있어야 할 요점을 이해하고 스스로 생각해보고자 하는 독자에게 조금이나마 이 책이 도움이 되기를 바랍니다.

제1장

청일전쟁: '제1차 조선전쟁'

"청일전쟁에서 승리한 일본은 중국에 대한 경외심이 사라졌다.
청일전쟁은 일본인으로 하여금 '국민'이라는 개념과,
천황에 대한 권위가 확립하게 되는 계기가 되었다."

1

메이지 유신의 종료

'덴포 노인'과 '메이지 청년'

청일전쟁을 다루기 전에 먼저 시바 료타로가 '밝은 메이지'라 부르는 시대를 저 나름대로 되짚어보고자 합니다.

『언덕 위에 구름』에는 다음과 같은 유명한 구절이 있습니다.

메이지 유신 이후 러일전쟁까지 약 30년간의 시기는 문화사적으로도 정신사적으로도 일본사에서는 매우 이례적이었다. 이 정도로 낙천적인 시대는 없었다. ……이 긴 이야기는 일본사에서 유례가 없는

낙천가들의 이야기다. ……낙천가들은 체질상 이러한 시대를 앞만 보고 걸어 올라가, 언덕 위로 난 그 길 청명한 하늘에 만약 한 조각 흰 구름이 두둥실 떠 있다고 한다면, 그것만 보고 언덕을 올라갈 것이다 (『坂の上の雲』, 「あとがき 1」, 文春文庫版 (8), 295쪽, 298쪽).

이 부분은 3년에 걸쳐 방송된 NHK 스페셜 드라마에서 계속 반복해 나오면서 상당히 유명해졌습니다. 그렇다면 시바뿐만이 아니라 많은 사람이 찬양하는 '메이지의 청춘'이란 도대체 무엇을 말할까요?

'메이지의 청춘'이라는 표현을 들으면 메이지·다이쇼·쇼와 세 시대에 걸쳐 활동한 저널리스트이자 역사가인 도쿠토미 소호德富蘇峰[1]를 가장 먼저 떠올리게 됩니다. 1885년 당시 22세이던 도쿠토미 소호—당시 이름은 도쿠토미 이이치로德富猪一郎—는 『신일본의 청년新日本之青年』을 출판하고 이듬해 구마모토熊本에서 도쿄로 상경합니다. 도중에 고치高知·도사土佐에 들러 이타가키 다이스케板垣退助[2]를 만나 『장래의 일본将来之日本』이라는 원고를 보였습니다. 도쿠토미는 그에게서 격려를 받은 후 상경해 원고를 출판했는데, 반응이 폭발적이었습니다.

『신일본의 청년』이라는 책은 메이지 유신의 주역이었던 '덴

---

1 1863~1957. 구마모토 번 출신. 언론인·평론가·역사가로 활동. 종합잡지의 선구 격인 『국민지우 (国民之友: 국민의 벗)』를 발간함.
2 1837~1919. 도사(土佐) 번 출신. 자유민권운동을 주도함.

포天保 노인'[덴포 시기^{1830~1844}에 태어난 노인]과 '메이지 청년'을 대비시키며, 덴포 노인은 이미 구세대이고 앞으로의 주역은 메이지 청년인 자신들임을 외친 내용입니다. 도쿠토미 소호는 이 책을 통해 날카로운 평론가로서 일약 주목을 받게 됩니다.

만약 한 사회의 연령이 [나무의 나이테처럼] 문명의 주변부를 향해 회전할 때마다 나이가 증가하는 것이라면, 우리 메이지 청년은 덴포 노인보다 오히려 선진적이라고 평가해야 할 것이다. 그러므로 메이지 청년은 덴포 노인에게 지도를 받을 것이 아니라 오히려 덴포 노인을 이끌어야 할 것이다. ……노인은 현 질서의 아군이고 청년은 진보의 친구인 것은 의심할 바 없는 명백한 사실이다(『明治文学全集 34 德富蘇峰集』, 筑摩書房, 1974, 118쪽, 124쪽).

우리 '메이지 청년'은 '덴포 노인'보다 선진적이라고 해야 할 것이며, '메이지 청년'이야말로 '덴포 노인'을 지도해야 한다는 것은 매우 대담한 문장입니다. 젊은 도쿠토미 소호 나름의 기백이 느껴지는 내용이기도 합니다.『신일본의 청년』은 내용도 상당히 뛰어나지만 당시의 '메이지 청년'의 기세가 강하게 전해지는 작품이기도 합니다.

곰곰이 생각해보면 메이지 유신이라는 대변혁은 도쿠토미 소호가 비판하는 '덴포 노인'이 젊었을 때, 즉 그들이 '덴포 청년'이었을 때 이룩한 대과업이었습니다. 우선 이 '덴포 청년'이 이룩한 메이지 유신에 대해 간단히 짚어보기로 하겠습니다.

두 개의 정부

메이지 유신이란 일반적으로 1868년 '왕정복고의 대호령^{大号令}'으로, 원호^{元號}를 메이지로 바꾼 것이라 설명합니다. 이 설명이 틀린 것은 아니지만, 메이지 유신 과정에서 가장 큰 정치변혁은 1871년에 단행된 폐번치현^{廃藩置県}입니다. 번^藩을 폐지하고 현^県을 두는 정책에 의해 구번주^{舊藩主}의 권한을 신정부가 완전히 접수한 개혁이기 때문입니다.

같은 해 1871년 신정부는 정부를 두 개로 나누어 한쪽은 이와쿠라 도모미^{岩倉具視}[3]를 수장으로 하는 사절단을 결성해 미국·유럽 등으로 장기간에 걸쳐 대대적인 세계일주 시찰여행을 감행토록 했습니다. 목적은 에도 막부가 1858년에 미국·러시아·네덜란드·영국·프랑스와 체결한 불평등조약을 개정할 임무를 수행하

---

3 출생연도 불분명. 공경(公卿) 가문 출신, 교토 태생. 막부와 조정이 협의하여 새로운 신정부 체제의 창출을 주장한 공무합체론(公武合体)파로 왕정복고를 주장함. 신정부 수립 후 산요(參與)·다이나곤(大納言) 등을 지냈고, 폐번치현을 단행함. 우대신(右大臣)이 되어 구미시찰단으로 해외 파견. 1883년 사망.

기 위함이었습니다. 시찰을 기록한 구메 구니타케久米邦武[4]가 펴낸 『미구회람실기米欧回覧実記』에는 방문한 각 나라의 문명과 경제력을 직접 보고 들으며 놀라움을 금치 못하는 '덴포 청년'의 모습이 묘사되어 있습니다. 그 일부를 소개해보겠습니다.

시찰단은 샌프란시스코에 도착했을 때 몹시도 깨끗한 호텔 건물 외관에 일단 놀랍니다. 이 '그랜트 호텔'은 5층짜리 건물로, 식당의 넓이가 120평이나 되어 300명이 한꺼번에 식사할 수 있고, 융단으로 장식된 방은 눈부실 정도로 빛났고, 1층에는 대리석을 깔아 구두가 미끄러질 정도였으며, 2층부터 맨 위층까지 객실 수는 300개, 큰 방에는 객실·침실·욕실·옷장이 갖춰져 있고, 전신 거울은 물과 같으며, 카펫은 꽃과 같고, 위로는 샹들리에가 무지개색으로 빛나, 밤에 등불을 밝히면 사방 둘레가 영롱하게 반짝이고, 창문에는 레이스가 안개 너머 꽃을 보는 것 같은 느낌을 주니 "얼굴을 씻는 곳은 수반水盤이 있고 수도꼭지를 돌리면 깨끗한 물이 콸콸 나오는" 등 하나에서부터 열까지 경탄케 하는 광경이었습니다(田中彰 校注, 『特命全権大使米欧回覧実記』(1), 岩波文庫, 1977, 79~80쪽).

이와쿠라 도모미, 오쿠보 도시미치大久保利通[5] [두 사람은 분세

---

4 1839~1931. 사가(佐賀) 번 출신. 근대 역사학의 선구자.
5 1830~1878. 사쓰마 번 출신. 정치가. 사이고 다카모리, 기도 다카요시와 더불어 '유신3걸(維新三傑)'로 꼽힘.

이^{文政} 시기]^{1818~1830} 출생], 기도 다카요시^{木戸孝允6}, 이토 히로부미^伊
^{藤博文7} [두 사람은 덴포 시기 출생] 등의 '덴포 청년'은 서구문명의
선진성에 강한 문화적 충격을 받습니다. 그런데 이 시찰여행이
이들의 훗날 행동에 결정적인 영향을 미칩니다.

미국을 방문했을 때는 조약을 개정하고자 교섭을 신청했는데
전권^{全權} 위임장이 없다는 이유로 거절당했습니다. 영국에서는 많
은 시설을 견학하고, 독일^{프로이센}에서는 비스마르크가 "국제관계
는 약육강식의 세계다"라고 연설하는 모습을 보고 감명받았습니
다. 대국^{大國}만이 아니라 유럽의 소국^{小國}에게도 배울 것이 있으며,
소국 일본도 이러한 점을 본받아야 한다고 하는 등 이때 각국을
시찰한 경험이 이후 이들의 행동에 영향을 줍니다.

한편 일본에 남아 있던 사이고 다카모리^{西鄉隆盛8}, 이타가키 다
이스케 등으로 구성된 '유수정부^{留守政府}'는 시찰단이 해외로 떠나
있는 동안 국내 개혁정책을 감행했습니다. 그중에서도 중요한 개
혁은 1873년 시행된 지조^[地租: 토지수익에 대해 부과하는 조세, 현금납부] 개정입
니다.

1868년 원호를 메이지로 바꾼 후에도 신정부는 재원의 대부분
을 에도 시대와 마찬가지로 농민에게 쌀을 징수하는 방식에 의
존해왔습니다. 폐번치현에 의해 구번주를 없앤 신정부는 토지의

<hr />

6 1833~1877. 조슈 번 출신. 정치가.
7 1841~1909. 조슈 번 출신. 정치가. 내각총리대신(초대·제5대·제7대·제10대), 한국통감(초대) 등을 지
   냈다.
8 1828~1877. 사쓰마 번 출신. 군인, 정치가.

사적 소유를 인정하고 지가地價를 정해, 지가의 3퍼센트를 지조로 납부하도록 했습니다. 신정부 입장에서는 날씨에 따라 수확량이 좌우되는 쌀이라는 현물 대신 토지에서 세금을 직접 징수하게 되면서 안정적이면서도 확실하게 재원을 확보할 수 있었습니다.

조선·청국과의 국교

국내 개혁을 진행하면서도 폐번치현 직후인 1871년에 일본은 청국과 청일수호조규를 체결했습니다. 이 조약은 상호 간에 영사 재판권을 인정하는 등 일본이 처음으로 외국과 맺은 '대등'한 조약이었습니다. 그런데 이는 조선의 종주국인 청국과 일본이 대등하다는 내용으로 사실상 조선에 대한 일본의 입장이 유리해지는 것을 겨냥한 것이기도 했습니다.

청일수호조규 체결 이전에 일본과 조선의 관계에서 주의해야 할 사건이 있습니다. 1868년 일본은 왕정복고를 알리는 국서를 조선에 보냈는데, 조선이 국서를 수락하지 않았습니다. 일본이 스스로를 '황皇' 혹은 '칙勅'이라는 문자를 사용해서 국서를 보냈는데, 조선의 입장에서 보면 이런 문자를 사용할 수 있는 것은 종주국인 청국 황제뿐이었습니다. 만약 일본이 '황皇'을 사용하게 된다면 '왕王'으로 칭하고 있는 조선이 일본보다 격이 내려가는 셈이 됩니다. 전례에도 어긋났으므로 수락할 수 없다는 논리였습니다.

이에 더해 1873년 부산에 있던 왜관倭館 현관에 일본을 모욕하는 내용을 게시한 사건이 일어납니다. 이 사건은 훗날 유수정부가 논쟁하던 '정한론'의 빌미가 됩니다.

사이고와 오쿠보의 죽음

한편 일본 국내를 지키고 있던 유수정부가 국내제도 개혁을 단행하고 있던 때인 1873년에 사절단이 귀국했습니다. 사절단의 당초 목적이었던 조약개정 교섭은 성사시키지 못했습니다.

사절단이 해외 시찰 중일 때 국내에 남아 있던 사이고와 이타가키 등은 일절 국교를 맺으려 하지 않는 이웃나라 조선에 사절을 파견해 개국시키려는 방침을 논의합니다. 이것이 이른바 '정한론'인데, 사이고는 무력행사에 대해서는 반대했습니다. 따라서 정확히 말하면 [정한론이 아니라] 조선사절 파견론이라고 해야 할 것입니다.

그러나 압도적으로 우세한 서구문명에 대해 문화 충격을 받고 귀국한 이와쿠라와 오쿠보는 사이고 등의 주장에 반대합니다. "지금은 국내제도 개혁이 선결과제다"라고 주장하자 신정부는 두 그룹으로 분열되고 맙니다.

상세한 언급은 생략하지만, 당시 조슈 출신 사람들의 뇌물수수사건이 잇따라 터진 것도 영향을 미쳐 결국 조선으로 사절을 보내려던 계획도 중지됩니다. 사이고와 이타가키는 물론 사법제도를 확립하고 뇌물사건을 규명하기 위해 노력하던 에토 신페이江藤新平[9]마저 정계를 떠나게 됩니다. 이른바 '메이지 6년 정변'입니다. 하야下野한 사이고는 이후 1877년에 세이난 전쟁에서 정부군과 맞서 싸우지만 패배해 자결합니다.

한편 오쿠보는 국외로 관심사를 돌려 내분을 해소할 계획을 세웁니다. 사족士族 반란을 제압하기 위해 류큐琉球 왕국 어민이 타이완 원주민에게 살해된 사건을 명분 삼아, 1874년 일본은 타이완에 출병했습니다. 그런데 오쿠보는 청나라로 건너가 강경한 교섭을 진행해 청일조약을 맺습니다. 이 타이완 출병이 근대일본 최초의 해외 파병이었습니다. 정변 후에도 정부에 남아 있던 사이고 쓰구미치西郷従道[10] —사이고 다카모리의 동생— 가 정부의 파병 중지 명령을 거스르고 단독으로 출병을 감행했던 것이었습니다.

나아가 1875년에는 일본 군함 운양호雲揚號가 강화도 앞바다에서

---

9 1834~1874. 사가 번 출신. 정치가.
10 1843~1902. 사쓰마 번 출신. 해군 군인, 정치가. 원로(元老), 해군대신(초대·제2대·제3대·제7대·제8대·제9대·제10대), 내무대신(제4대·제5대·제18대), 귀족원 의원 등을 역임.

도발적인 행동을 해 조선 측 함대와 교전交戰하는 사건을 일으킵니다. 이를 계기로 1876년 일본은 군함을 보내 조일수호조규^{강화도조약}를 맺어 조선을 개국시킵니다. 제1조에 "조선국은 자주국으로 일본국과 평등한 권리를 보유하며"라는 규정을 넣었는데, 이것은 조선에 대한 청국의 종주권을 부정하기 위한 문구였습니다.

이때까지 일본은 조선에게 계속해서 개국 요구를 했습니다. 조선이 청국과 조공·책봉체제를 견고히 유지하며 서구 여러 나라나 일본과 통상을 거부해왔기 때문입니다. 조일수호조규는 치외법권을 정해 관세 자주권을 부여하지 않는 등[11] 과거 일본이 서구 열강에게 강요받은 불평등조약과 동등한 내용이었습니다. 일본은 과거 자신들이 강요받던 것들을 이번에는 조선에게 억지로 요구했습니다. 참고로 가고시마鹿児島에 있던 사이고 다카모리는 강화도에서 벌어진 발포사건에 대해 매우 비판적인 태도를 취했습니다.

한편 분열된 이후의 정부는 '오쿠보 독재'라 불릴 정도로 오쿠보의 구상하에 식산흥업殖産興業정책이 추진되었습니다. 하지만 그런 오쿠보도 1878년 기오이자카紀尾井坂에서 변을 당해 암살됩니다.

일반적으로는 1877년 세이난 전쟁이 종결되고 사이고가 죽고, 이듬해 오쿠보가 암살되면서 메이지 유신은 일단락된 것으로 볼 수 있습니다.

---

11 처음 체결된 조일수호조규에서는 무관세(無關稅) 협정이었으나, 1883년 7월에 조일통상장정(日朝通商章程)의 체결로 협정관세율 제도로 바뀜.

2

청일전쟁의 각 국면

갑신정변과 톈진 조약

서장에서도 언급했지만, 메이지 시대를 주요 국면별로 나눠보 겠습니다. 우선 보신 전쟁과 세이난 전쟁이라는 두 번의 국내전 을 거쳐 성립됐고, 대일본제국헌법 제정과 국회개설에 의해 입헌 정치제도가 정비되었으며, 이후 청일전쟁과 러일전쟁이라는 두 개의 대외전쟁으로 일본이 사실상 조선을 지배하게 되는 시대였 다고 파악할 수 있습니다.

그러면 청일전쟁시대로 시선을 돌려보겠습니다.

1876년 조일수호조규에 의해 개국할 수밖에 없던 조선은 앞서 근대화를 추진한 일본을 배우려 하는 '개화파'와 기존의 중국 중심의 책봉체제를 유지하려는 '수구파'가 대립합니다.

그러던 중에 1882년 수구파는 대원군의 지시하에 군사력을 동원해 당시 실권을 장악하고 있던 개화파 민비^{훗날의 명성황후} 정권을 뒤엎는 쿠데타를 기획하고 일본공사관을 습격하는 임오군란을 일으킵니다. 공사관 관원 일곱 명이 살해되고 나머지 사람들은 일본으로 도망쳤습니다. 이 사태에 대해 당시 조선에 있던 청국 군대가 즉시 개입해서 대원군을 청국으로 압송해 연금^{軟禁}하고, 민비는 복권되어 사태는 일단 수습됩니다.

그러나 그로부터 2년 후인 1884년 12월에는 조선의 근대화를 지향하는 김옥균, 박영효 등의 '개화파'가 쿠데타를 일으켜 신정부를 수립합니다. 이것이 이른바 '갑신정변'입니다. 그러나 이것 역시 청국 군사가 '개화파'를 지원하고 있던 일본 수비대를 격파함으로써 신정권은 겨우 3일 만에 붕괴되고, 김옥균과 박영효는 일본으로 망명합니다. 이후 조선의 내정·외교 주도권은 청국의 손으로 넘어갑니다.

이처럼 청일전쟁 전 조선을 둘러싼 일본과 청국 간의 대립이 계속되고 있었습니다. 그런데 갑신정변 이듬해인 1885년 4월에 이토 히로부미와 리훙장李鴻章[12] 사이에 톈진 조약이 맺어지면서, 양국은 조선에서 군대를 철수하기로 합니다. 또한 앞으로는 파병하게 되면 미리 알리기로 서로 약속합니다. 이로써 당분간 조선을 둘러싼 일본과 청국 간의 대립은 잠잠해집니다.

갑오농민전쟁

1894년 봄 조선에서 대규모 농민 반란이 일어납니다. 그 중심이 된 것은 동학당이라는 단체였습니다.

동학이란 1860년에 최제우에 의해 창시된 민중종교를 말하는데, 유교를 중심으로 불교와 도교, 전통적 민간신앙을 융합해 천인합일'인내천人乃天', 즉 사람과 하늘은 동일하다 · 반외세외국인 배척, 기독교 등 '서학' 반대 등의 주장을 내세워 영향력을 키워나갑니다.

최제우는 1863년에 체포되어 이듬해 처형되었지만, 제2대 교조敎祖 최시형이 교세를 더욱 확장해 가난한 농민들을 신도로 더 많이 포섭합니다. 쌀 수출량이 늘어나면서 물가 상승에 불만이 고조되면서 가난한 농민들은 '녹두장군'이라는 애칭으로 알려진 전봉준을 지휘자로 삼아 운동의 주역이 됩니다.

---

12 1823~1901. 청말 정치가. 양무운동의 중심인물이었으나, 청일전쟁의 패배로 실각함.

이미 1892년 말부터 전라도에서는 동학 금지를 완화해달라고 요청했지만 받아들여지지 않아, 1894년 2월에 전봉준이 이끄는 급진파 동학당이 전라도 고부^{古阜: 정읍의 옛 지명}에서 봉기합니다. 이것이 갑오농민전쟁^{동학농민운동}의 시작이었습니다. 간지^{干支}로 표현하면 갑오^{甲午}년에 일어난 것이므로 현재는 '갑오농민전쟁'으로 불리지만 한때는 '동학당의 난'이라 불리기도 했습니다.

갑오농민전쟁에는 세 개의 슬로건이 있었습니다. 그 슬로건이란 축멸양왜^{逐滅洋倭: 일본과 서양을 쫓아냄} · 진멸권귀^{盡滅權貴: 특권계급을 타도} · 구병입경^{驅兵入京: 군사를 이끌고 서울로 진격}이었습니다. 1894년 봄 무렵에는 반란이 충청도와 경상도로 확산되어, 농민군이 전라도 전주를 점령하자 조선국왕은 청나라에 병력 원조를 요청하게 됩니다.

이러한 소식은 즉시 일본으로도 전해져서 당시 제2차 이토 히로부미 내각은 조선으로 군을 파견할 것을 결정합니다. 청나라도 조선국왕의 요청으로 속국 보호를 위해 출병할 의사를 밝힙니다. 일본은 청국의 통보에 대해 조선을 청국의 속국으로 인정하지 않는다고 응수했습니다. 이때 일본의 논리는 강화도사건 후 조일수호조규에서 조선은 청국으로부터 독립했음이 명문화되었다는 것이었습니다. 일본과 조선은 독립국으로 대등하게 교제하고 있으니 청국의 속국이라는 표현은 적합하지 않으며 조일수호조규에 위반된다는 주장이었습니다.

이후 청나라는 일본에 전쟁으로 대치하는 상황은 피하고 싶다는 의사를 알렸습니다. 하지만 일본정부는 출병할 뜻을 청국에 통보했고, 1894년 6월 청나라 군대가 아산에 상륙하자 일본도 선두 부대가 인천에 상륙합니다. 여기서 일본의 출병 근거가 된 것이 앞서 언급한 것처럼 톈진 조약이었습니다. 이 조약은 갑신정변 이후 사태를 수습하기 위해 체결한 것으로, 특히 청일 양국 군대가 조선에서 철병할 것과 향후 내란 등이 발생했을 때 청일 양국 중 한 나라가 조선에 출병할 경우에는 서로가 사전에 통고할 것을 정했습니다. 즉 장래에 조선 출병 조건을 이때 규정해둔 것이었는데, 이것이 청일전쟁이 일어나게 된 하나의 요인이 되었습니다.

일본과 청국이 개입하게 되는 것을 본 조선의 농민군은 1894년 6월에 조선정부와 전주화약全州和約을 체결하고 전주에서 철수합니다. 여기에서 일단 사태는 진정되고 전라도 일대에서는 농민자치 체제가 성립됩니다. 이 전주화약에 의해 청일 양국 군대가 조선에 체재할 이유는 없어지게 된 셈입니다. 그런데 일본은 청국에 대해 공동으로 반란을 진압하고 조선의 내정개혁을 담당하자고 제안합니다. 청국이 이를 거절했습니다. 그런데도 일본은 조선의 내정 개혁이 실현될 때까지 철병하지 않겠다고 통고합니다.

그사이 러시아와 영국도 조정을 시도했으나, 일본은 이를 받아들이지 않고 조선정부에게 더욱 강한 요구를 합니다. 즉 정해진 기한 내에 내정을 개혁하고 청국에 대한 종속관계를 파기하도록 종용했습니다. 만약 7월 22일까지 만족할 만한 회답을 얻지 못할 경우 조선정부에 압력을 가해 이 기회에 조선정부 내 대개혁을 단행시킬 심산이었습니다. 그러나 이 최후통첩 내용은 조선의 입장에서는 몹시 받아들이기 어려운 요구였습니다.

조선왕궁 점령: '7월 23일 전쟁'

결국 1894년 7월 23일 일본군은 조선왕궁을 점령하고, 조선군을 무장해제시킨 후 조선국왕인 고종에게 아버지 대원군을 국정 총재로 삼으라고 강요합니다.

일본군이 왕궁을 점령했으므로 이것은 명백한 일본과 조선 간에 일어난 전쟁으로, 최근 연구에서는 '7월 23일 전쟁'이라 부르기도 합니다. 민씨 정권과 대립하고 있던 대원군도 이때 상당히 강하게 저항하지만 결국 일본 측 앞잡이 노릇을 하는 결과를 낳습니다. 이미 조선농민군이 철수한 상태여서 군사적으로나 외교적으로 명분이 없었는데도, 일본군은 조선왕궁을 강제로 점령했습니다. 당시의 일은 당시 공사公使 대리로 현장에 있던 수석 서기관 스기무라 후카시杉村濬가 기록한 『메이지 27~28년 재한고심록明治二十七八年在韓苦心録』(1932, 46~55쪽)에 생생하게 서술되어 있습니다.

7월 23일 일본군이 조선왕궁을 점령한 일은 일반적으로 청일전쟁이 일어나기 전에 있었던 하나의 사건 정도로만 인식됩니다. 하지만 실제로는 단순한 '정변'이 아니라 군사적으로나 정치적으로 일본과 조선 사이에 벌어진 전쟁 행위였습니다. 청일전쟁 개시 직전에 사실상 '조일朝日전쟁'이 일어났던 점을 주목해야 합니다. 이 사실 역시 청일전쟁을 '제1차 조선전쟁'으로 재조명해야 할 필요성이 드러나는 사건일 것입니다.

일본의 앞잡이가 된 대원군은 7월 25일 청과 종속관계를 파기한 뒤 아산에 있는 청국 군대를 몰아내달라고 일본 측에 의뢰합니다. 같은 날 일본 함대가 풍도豊島 앞바다에서 청나라 군함을 공격합니다. 이때 훗날 연합함대 사령장관이 되는 도고 헤이하치로東郷平八郎[13]가 청나라 병사를 태운 영국 선적 화물선 고승호高陞號를 격침하라고 지시합니다. 청일전쟁 선전포고 직전에 일어난 이 사건

---

[13] 1848~1934. 군인, 해군제독. 별명으로 '동양의 넬슨(The Nelson of the East)'이라 불림.

은 국제법상으로 논란을 일으켰고 외교적으로도 크게 문제가 되었습니다. 결국 불문에 부쳐지지만 국제관계상 일본의 입장에서는 매우 위태위태한 사건이었습니다.

비장한 염원, 조약개정

한편 일본이 조선에 최후통첩장을 내민 7월 20일 직전인 7월 16일에 일본과 영국 간에 매우 중요한 조약이 체결되었습니다. 바로 영일통상항해조약입니다.

서구와 맺은 불평등조약을 시정하는 것은 메이지 정부의 비장한 염원이었습니다. 그 요점은 치외법권을 철폐하는 것, 관세 자주권을 획득하는 것, 즉 법권과 세권을 회복하는 것이었습니다. 불평등조약 아래서는 일본에서 외국인이 죄를 저질러도 경우 일본에 주재하는 외국 영사에게 재판받는 '영사재판권'을 적용받습니다. 따라서 외국인은 무죄판결을 받는 경우가 많았습니다. 조약개정을 실현하는 것은 이러한 법률상의 불평등을 시정하고 법권을 회복하는 것이었습니다.

이 조약개정이라는 과제를 놓고 외무대신 무쓰 무네미쓰陸奧宗

光는 먼저 영국으로부터 치외법권 철폐 약속을 받아냅니다. 또한 관세 자주권도 부분적·단계적으로 회복시킬 것이라는 동의를 얻어냅니다. 세권을 완전히 회복하는 것은 메이지 시대의 거의 끝 지점인 1911년까지 걸리지만, 역대 외무대신을 계속 괴롭혀온 조약개정이라는 과제가 이 시점에서 마무리됩니다.

외무대신 무쓰 무네미쓰

조약개정 문제는 역대 외무대신들을 늘 고심하게 한 사안이었습니다. 조약개정 문제가 최종적으로 결실을 맺는 단계에서 외무대신에 취임한 사람이 바로 무쓰 무네미쓰였습니다. 그동안 조약개정을 타결하기 위해 여러 명의 외무대신이 도전했었지만 계속 실패했습니다.

이노우에 가오루井上馨[14] 등은 일본이 근대국가임을 대외적으로 알리기 위해 화족華族[15] 규수들에게 사교 댄스 스텝이나 프랑스어를 배우게 하거나, 외국 국빈이나 외교 사절을 맞이할 시설인 로쿠메이칸鹿鳴館을 만들 정도로 다양한 노력을 기울였습니다. 그런데 모두 이렇다 할 성과는 없었습니다. 그런데 무쓰 무네미쓰가

---

14 1836~1915. 조슈 번 출신. 외무대신, 내무대신 등을 역임.
15 1869년부터 1947년까지 존재했던 근대일본의 귀족계급. 신 메이지 정부로 교체되면서 종래의 신분제도속에서 쓰인 공경(公卿)·제후(諸侯) 등의 명칭을 없애고 이들 가문을 화족으로 정함.

결실을 맺은 것입니다. 가스미가세키霞ヶ関: 도쿄의 중앙관청 집결지의 외무성에 동상이 있는 사람은 무쓰뿐입니다. 흔히 근대일본 역사상 가장 위대한 외무대신이 메이지 시대 무쓰였다고 거론되는데, 이점에 대해 다시 살펴보겠습니다.

조약 체결을 성사시키기 위해 무쓰가 온 신경을 곤두세웠던 것은 사실인 듯하며, 이는 그가 집필한 『건건록蹇蹇錄』에 잘 나타나 있습니다. 서문에서 무쓰는 다음과 같이 언급했습니다.

외교상 모든 공문 자료는 대체로 일종의 함축 위주로 기술되어 있어 표면에 진의眞意가 드러나는 법이 없다. ……이것은 비유하자면 공문 기록은 실측 도면과도 같아서 산의 높낮이나 강의 얕고 깊음과 같은 정확한 척도를 제시하는 목적에서 이탈하지 않아야 한다. 만약 산과 강의 실제 모습을 알고 싶다면, 사생화를 따로 그려야 할 것이다. 본편이 목적으로 삼는 것은 당시 외교의 사생화를 그리는 데 있다(中塚明 校注, 『新訂 蹇蹇錄』, 岩波文庫, 1983, 8쪽).

또한 제9장 「조선사건과 영일조약개정」에는 "구미 각국과의 현행 조약을 개정하는 것을 논의하는 것과…… 조선사건은 원래 아무런 관계가 없는 사안이지만, 무릇 열강과의 외교관계에서는 서로 부딪히는 부분에 대해서는 매우 과민하게 반응하게 마련이어서 손끝만큼만 저촉되어도 금방 다른 관계에도 심각하게 악영향을 미치는 사례가 부지기수다. 즉 조선사건이 영일조약개정사업에 어떤 식으로 중대한 영향을 미치게 될지는……"(앞의 책, 118쪽)이라고 하여 양자의 미묘한 관계에 대해 언급했습니다.

또 다른 언급을 보면 "메이지 27년¹⁸⁹⁴ 7월 13일자로 아오키青木공사公使가 나에게 보낸 전보에는 '내일 날짜로 새로운 조약에 조인調印할 수 있을 것'이라고 한다. 내가 이 소식을 듣게 된 것이 도대체 얼마 만인가? ……이 답신은 내가 오토리大鳥¹⁶ 공사公使에게 '지금은 단호한 조치를 취해야 할 필요가 있음. 어떤 구실을 들어도 상관없으며 실제적인 로비를 할 것'이라는 훈령訓令을 전보로 보낸 지 불과 이틀 만에 받은 회신이었다. 이 이틀 사이에 내 마음이 얼마나 고통스럽고 괴로웠으며 분주했는지는 실로 이루 말할 수 없다. 하지만 지금 이 기쁜 소식을 접하니 지난날의 고생은 잊혀졌다"(앞의 책, 118쪽)고 감개무량한 심정을 기술하고 있습니다. 이후로도 조약개정이 실현되기까지는 약간의 경위가 남아 있긴 하지만, 이 기술에는 무쓰의 속마음이 잘 드러나 있다고 하겠습니다.

이 『건건록』에는 조약개정뿐만 아니라 청일전쟁과 그 직후의

---

16 오토리 게이스케(大鳥圭介)를 가리킴. 1833~1911. 구막부 관료, 군인, 관료, 외교관.

3국간섭에 대해 전체 21장 중 마지막 3개 장을 할애해 무쓰의 관점에서 기록되어 있습니다. 그 자세한 내용은 이 책에서 생략하겠습니다.

『건건록』을 읽어보면 한마디로 청일전쟁이란 무쓰와 수상이던 이토 히로부미 두 사람이 처음부터 계획을 세우고, 계획대로 일을 추진해서 계획대로 이기고, 계획대로 강화조약을 맺은 것 같은 인상을 강하게 받습니다. 나중에 말씀드리겠지만, 무쓰의 기록을 보면 청일전쟁 후 3국간섭을 받았을 때 재빨리 랴오둥 반도에서 물러나는 것도 무쓰와 이토 두 사람이 결정했고, 모든 것이 잘 진행된 것처럼 서술되어 있습니다.

그러나 이토는 무쓰와는 달리 일본과 청나라가 협력해 조선의 개혁을 추진하려 하던 청일협조파로 평가되는 점을 고려하면, 청일전쟁은 강경파 육군참모본부 차장 가와카미 소로쿠川上操六[17]와 무쓰 이 두 사람이 진행시켰다고 보는 편이 더 정확할 것입니다.

『건건록』에 대해서는 그 내용의 옳고 그름을 둘러싸고 의견이 분분합니다. 스스로를 변호하는 색채가 강한 회고록인데, 사료적 비판 없이 그대로 인용할 경우 무쓰를 영웅시하는 '무쓰 신화'의 근거가 되기도 합니다. 한편 아오키 슈조青木周蔵[18]는 무쓰보다 먼저 외무대신을 지냈고 독일공사 겸 영국공사가 된 무쓰를 실무적

---

17 1848~1899. 육군 군인, 화족(華族).
18 1844~1914. 외교관, 정치가.

인 면에서는 여러 모로 도와주었습니다. 하지만 무쓰의 외교노선에 대해서는 상당히 혹독하게 비평했습니다(『青木周藏自伝』).

어찌 되었건 일본 외교관 중에 무쓰만큼 시종일관 기록을 남긴 사람은 아무도 없습니다. 기록 당사자가 시간차를 두지 않고 자신의 견해를 자세히 기록했다는 점에서 『건건록』은 일급 사료이므로 꼼꼼히 검토해볼 가치가 있습니다.

그런데 여기서 저는 무쓰 외교에 대해 시시비비를 논하기보다 『건건록』에 나오는 구미 외교전략과 아시아 외교전략이 매우 대조적으로 쓰인 점을 강조하고 싶습니다. 무쓰는 구미에 대해서는 모든 신경을 곤두세워 주의 깊고 신중하게 거의 비굴하다고 할 만한 태도로 서술하지만, 조선과 청나라를 대할 때는 오만불손을 넘어 마치 주먹을 치켜드는 듯한 자세를 취합니다. 이러한 이중성이 매우 선명한 대비 구도로 기록되어 있습니다.

다소 거친 요약일지도 모르겠습니다. 하지만 메이지 정부의 대외정책의 기본 자세는 구미에 대해서는 철저히 공손하고, 조선과 청나라에 대해서는 매우 강압적이었습니다. 당시에는 의도하지 않았는지 모르나, 후세대인 우리 입장에서는 이렇게밖에 해석할 수 없어 보입니다.

선전포고의 타이밍

그런데 무쓰도 언급했지만, 청일전쟁 개시와 조약개정은 사실 깊은 관련이 있습니다.

여기서 주목해야 할 것은 영일통상항해조약이 7월 16일에 조인되고 그 직후인 7월 20일에 일본이 조선에 대해 최후통첩을 했다는 점입니다. 즉 영국과 조약개정 합의가 이루어지기 직전 상황이었는데 성사되자마자 조선 내정에 간섭해 23일 왕궁을 점령하고, 25일에는 풍도해전을 치르고, 29일에는 육상에서 일본군이 충남 천안 성환成歡읍에서 청나라 군대를 공격하고, 30일에는 아산에 있던 청국 군대를 공격해 평양으로 패주敗走시킵니다.

이후 8월 1일에 청나라에게 선전포고를 한 것입니다. 당시에는 선전포고를 한 후에 전투를 개시해야 한다는 법은 없었습니다. 따라서 8월 1일에 선전포고를 한 시점부터 청일전쟁을 다루려 한다면 많은 것을 놓쳐버리는 셈이 되므로 이 전쟁을 정확히 이해할 수 없습니다.

선전포고의 조칙詔勅이 만들어지는 과정을 보면 흥미로운 사실이 숨어 있습니다. 선전포고 조칙 입안은 이토 미요지伊藤巳代治[19]가 주축이 되어 검토했고 6개 안이 제출되었습니다. 그중 제3안과

---

[19] 1857~1934. 관료, 정치가. 메이지 헌법 제정에 참가. 추밀원 고문.

제4안은 청나라뿐만 아니라 조선도 선전포고 대상으로 삼는다는 내용이었습니다. 최종적으로는 조선은 선전포고 대상에서 제외되었습니다. 하지만 상황에 따라 이 전쟁은 '청일전쟁'이 아니라 '청조일전쟁'으로 불렸을지도 모릅니다.

뤼순 학살사건

8월 1일 선전포고 후 8월 20일에는 한일잠정공동조관條款이 조인되고 일본은 조선의 경부·경인철도 부설권을 장악하고 26일에는 '대일본 대조선 양국 맹약大日本大朝鮮兩國盟約'을 맺습니다. 이 협정의 내용은 조선이 일본에게 최대한의 편의를 제공해야 한다는 불평등한 것이었습니다. 9월에는 평양이 함락되고 황해해전에서도 승리한 일본해군이 황해제해권制海權을 거머쥡니다. 육군은 10월에 압록강을 건너기 시작하여 11월에는 다롄大連·뤼순을 점령합니다. 일본 국내는 승전보 소식에 열광합니다.

한편 뤼순을 점령했을 때 일본육군은 이른바 '뤼순 학살사건'을 일으켰습니다. 이 사건은 영어로는 Port Arthur Atrocities 또는 Port Arthur Massacre라 일컬어지는데 국제적으로 상당히 비난을 받은 사건이었습니다. 그에 반해 일본에서는 이 사건이 그다지 알려져 있지 않습니다. 민간인을 포함한 희생자 수가 많게는 2만 명으로 추산되는 등 여러 가지 설이 있는데, 정확한 숫자는 모릅니다. 오타니 다다시大谷正는 『청일전쟁』에서 그 당시 일본군이 살해한 청나라군 병사의 사망자 수가 4,500명을 넘을 가능성도 있으며 그중에는 포획자나 민간인에 대한 무차별 학살이 포함되어 있다고 서술했습니다. 또한 시바 료타로는 『언덕 위의 구름』에서 뤼순 점령에 대해 "'반년은 걸릴 것'이라던 뤼순 요새가 놀랍게도 만 하루 만에 점령되고 말았다"며 불과 두 줄로 언급을 마무리해버렸고, 학살사건에 대해서는 전혀 언급하지 않았습니다(文春文庫 (2), 111쪽).

한편 동학농민군은 1894년 가을에 전봉준의 지휘 아래 재차 봉기했습니다. 이때 일본군은 동학농민군을 다음 해 봄까지 반년 동안 롤러 작전처럼 한반도 서남지역 곳곳을 수색해서 철저히 탄압해 전멸시켰습니다. 전봉준은 1895년 3월에 처형됩니다. 이때 희생자 수도 정확하게는 모르지만 일설에 따르면 3만 명에서 5만 명이 살해되었다고도 합니다.

만약 그렇다면 청일전쟁 중 최대의 피해는 조선이 입은 셈입니다. 이 전멸전에 대해서는 『동학농민전쟁과 일본—또 하나의 청일전쟁』[中塚明·井上勝生·朴孟洙, 2013]에 자세히 기술되어 있습니다. 어쨌든 여기서도 '청일전쟁'이라는 명칭만으로는 간과하기 쉬운 일종의 '조일전쟁'이 있었다는 사실이 증명된다고 할 것입니다.

전쟁 국면 추이를 살펴보면, 1895년 2월 일본은 산둥 성 웨이하이웨이威海衛를 점령, 12일에 청국의 북양北洋함대가 항복합니다. 딩루창丁汝昌[20] 제독은 기함旗艦에서 숨을 거두었는데, 이 죽음은 일본인에게도 감동을 줍니다.

히구치 이치요樋口一葉[21]는 자신의 일기에 "딩루창이 자살을 시도했다니 애달프도다, 그와 같은 호걸豪傑을 잃는다고 생각하니 슬프기 짝이 없구나"라고 기록했습니다. 한편 그의 죽음을 애도하는 시도 지어 "울타리 옆에 핀 꽃이 지는 것만 봐도 마음이 괴로운 것은 봄철 거친 바람의 탓이로구나"[22]라고 읊었습니다.

3월에는 일본은 랴오둥 반도 전역을 점령하고 나아가 남쪽의 푸젠福建 성과 마주한 평후澎湖 제도諸島에도 상륙합니다. 일본이 노린 것은 이후 청국과 강화회의를 진행하며 타이완을 차지하는 것이었습니다.

20 1836~1895. 청말 해군 제독. 임오군란과 청불전쟁에서 활약. 청일전쟁 때 북양함대를 지휘.
21 1872~1896. 시인, 소설가. 현재 5,000엔권 지폐 초상화의 주인공.
22 시구절에서 "울타리 옆"은 국경 너머를, "핀 꽃이 지는 것"은 딩루창의 죽음을, "봄철 거친 바람"은 전쟁을 의미함.

청일강화조약

한 전쟁의 본질은 그 전쟁의 귀결인 강화조약에서 가장 명확하게 드러납니다. 즉 청일전쟁의 성격도 강화조약인 시모노세키^{下関}조약에 잘 드러나 있다고 할 수 있으므로 여기서는 조약 내용을 상세히 검토해보기로 하겠습니다.

이 조약의 정식 명칭은 '청일구화^{媾和}조약'인데, 시모노세키의 슌판로^{春帆楼}라는 료테이 료칸^{料亭旅館: 고급 숙박 음식점}에서 강화회의가 열렸던 것에서 연유해 시모노세키 조약이라고 불리고 있습니다. 저도 이전에 슌판로 바로 앞에 있는 청일강화기념관에 가본 적이 있습니다만, 이곳 슌판로는 복어 요리 1호점으로 유명합니다. 참고로 복어는 에도 시대 때부터 메이지 시대까지 식용을 금지해왔는데 이 금지를 푼 사람이 이토 히로부미입니다.

한편 강화조약은 도중에 청나라 전권^{全権} 리훙장이 저격되는 사건이 발생하면서 다소 긴장감이 흐르지만 1895년 4월 17일에 체결됩니다. 여기서 중요한 것은 앞서 잠시 언급한 것처럼 강화조약 교섭이 진행되던 와중에도 일본군은 타이완과 랴오둥 반도를 취하고자 하는 속셈에서 전투를 계속 벌이고 있었다는 점입니다.[23] 즉 강화조약 교섭 중에도 일본은 휴전에 좀처럼 동의하지

---

23 조약 제10조에는 조약 비준 날부터 전투를 중지할 것을 규정하고 있음.

않았습니다. 그러나 리훙장의 조난으로 일본 측은 매우 당황한 나머지 겨우 휴전을 인정하게 됩니다.

그러면 강화조약의 조문條文을 살펴보겠습니다.

제1조는 "청국은 조선국이 완전무결한 독립 자주국임을 확인한다"는 문구로 시작해 "청국에 대한 조선국의 공물貢物 헌납이나 전례典禮 등은 앞으로 일절 폐지할 것"이라고 규정하고 있습니다. 일본이 청일전쟁에 부여한 제일 큰 목적은 한반도에 대한 자신의 영향력 확보에 있었으므로 제1조에 조선이 '독립 자주'국이라는 점을 명확히 기입하게 한 것입니다.

이 강화조약의 제1조가 조선에 대한 기술이었다는 점만 봐도 이 전쟁이 조선 지배를 둘러싼 전쟁이었음을 알 수 있습니다.

제2조는 랴오둥 반도·타이완·펑후 제도 등의 영토를 일본에 할양할 것을 규정했고, 제4조에서 고평은庫平銀 2억 냥, 일본 돈으로 환산하면 약 3억 엔에 달하는 배상금을 지불하도록 정했습니다. 당시 일본의 1년치 재정규모가 대략 7,000만 엔에 조금 못 미치는 정도였으므로 3억 엔이라는 액수는 4년분 이상의 재정 수입에 상당하는 큰 금액이었던 것입니다. 제6조에서는 일본의 상업·공업·제조업을 위해 청국 개항장을 늘릴 것 등 경제 조항을 규정했습니다. 제8조에서는 청나라가 조약을 실행할 것을 담보하

면서 구체적으로는 배상금을 지불할 때까지 산둥 성의 웨이하이웨이 군항軍港을 점령하기로 정했습니다.

열강에 대한 '경제적 뇌물'

강화조약 중 특히 중요한 것이 제6조 제4항인데, 이 조항은 청나라 안에서 일본인이 공장을 지어도 좋으며 공장에서 상품을 생산해도 좋다는 권리―이것을 자본수출권이라고 합니다만―였습니다. 외교조약에는 '최혜국조항Most Favored Nation Clause'이라는 규정이 있습니다. 이는 다른 국가가 새로이 권리를 얻을 경우 기존에 조약을 맺고 있던 국가들도 그것과 동등한 권리가 자동으로 확보되는 논리입니다. 즉 일본이 강화조약을 통해 청국으로부터 자본수출권을 얻어냈다는 것은 일본 외의 제국주의 열강들도 저절로 자본수출권을 획득하게 된다는 논리인 것입니다.

지금까지 다른 여러 열강이 좀처럼 얻어내지 못한 자본수출권을 일본이 따낸 것은 구미 열강에게 커다란 선물을 안겨준 셈이었습니다. 당시 언론에서는 이것은 일본이 구미제국에게 준 '경제적 뇌물'로 비평하기도 했습니다.

하지만 당시 일본의 경제력은 아직 청나라에 자본수출이 가능할 정도로 자본이 축적된 상태는 아니었습니다. 따라서 이 조항은 오히려 영국 등의 다른 제국주의 열강에게 유리한 내용이었습니다. 사실 이 조항 때문에 이후 청나라는 여러 열강의 세력권 설정에서 경쟁의 무대가 됩니다. 각국은 청나라 내의 각 지역에 '세력권Sphere of Influence'를 설정함으로써 청나라는 여러 제국에 의해 분할 지배되는 이른바 '반¥식민지' 상태로 전락하게 됩니다.

3국간섭

시모노세키 조약 조인 직후인 4월 23일 이 조약의 제2조에 규정된 랴오둥 반도를 일본이 차지하는 것에 대해 러시아·프랑스·독일이 이의를 제기합니다. 이른바 3국간섭입니다.

당시 일본의 실력으로 보면 이 세 나라와 군사적으로 맞대응하는 것은 전혀 불가능했기 때문에 정부는 냉정하게 판단해 방향을 수정합니다. 즉 랴오둥 반도를 다시 청국에 반환하기로 하고, 대신 청국이 일본에게 배상금 명목으로 고평은庫平銀 3,000만 냥을 지불하도록 타협합니다.

그러나 이 소식을 들은 일본 민중은 격하게 반발합니다. '와신상담臥薪嘗膽'을 가슴에 새기며 간섭 요구를 했던 3국 중에서 특히 일본과 지리적으로 가까운 러시아에 대해 강한 반감을 갖게 됩니다.

앞부분에서 언급한 것처럼, 평민주의자였던 도쿠토미 소호의 사상적 성향이 180도 바뀌어 국권주의·제국주의로 전향하게 된 계기도 3국간섭이었습니다. 그가 훗날 회상한 내용에 따르면 "나는 실로 눈물조차 나지 않을 정도로 억울하고 분했다. ……이 랴오둥 반도 반환이 내 인생 대부분의 운명을 지배했다 해도 과언이 아니다. 이 소식을 들은 후로 나는 정신적으로 거의 딴사람이 되었다"(『日本人の自伝 (5) 蘇峰自伝』, 平凡社, 1982, 195쪽)고 쓰고 있습니다.

또한 우부카타 도시로生方敏郎[24]의 『메이지 다이쇼 견문사明治大正見聞史』에도 3국간섭에 대해서 다음과 같이 언급되어 있습니다. 참고로 우부카타는 군마群馬 현 누마타沼田 시 출신의 1882년생 수필가입니다.

국민은 미친 듯이 기뻐했다. 이토 히로부미 백작 만세, 무쓰 무네미쓰 대신 만만세를 외치려 하는 순간, 돌연 독일과 프랑스와 러시아

---

[24] 1882~1969. 수필가, 문학가.

세 나라가 힘을 합쳐 간섭을 해왔다. '이보게 일본, 아무리 그래도 그렇지 이건 좀 너무 뻔뻔하지 않나. 이웃끼리인데 적당히 해야 하지 않겠나?'라고 쏘아붙일 것처럼 갑자기 위압적인 태도를 취하며 불평불만을 토로하러 온 것이다(『明治大正見聞史』, 中公文庫, 1978, 44쪽).

위 기록은 3국간섭 당시 소년이었던 우부카타에게 누군가 말해주었던 당시의 상황을 훗날 그가 회상한 내용입니다.

한편 외무대신 무쓰 무네미쓰는 3국간섭을 받아들일 수밖에 없던 상황에 대해 다음과 같이 변명했습니다.

마침내 우리는 진출해야 할 땅에 진출했으며 멈추지 않을 수 없는 시점에 멈춘 것이다. 나는 당시 몇 명의 사람들과 이 정국에 대해 머리를 맞대고 고심했지만, 이것 외에 다른 대책은 없었노라고 믿기를 바랄 뿐이다(『新訂 蹇蹇録』, 371쪽).

청일전쟁의 대의명분을 따진다면 일본은 조선의 독립을 지키기 위해 청국과 싸운 것이므로 랴오둥 반도 등의 영토를 획득하려는 행위는 취지에 위배되는 것이었습니다. 일본이 청국에게 영토를 넘겨달라고 하지 않는 대신, 청국이 향후 랴오둥 반도를 러시아에게 넘기지 않을 것을 약속받는 수준에서 멈췄다면 3국에게서 간섭받는 상황은 없었을 것입니다. 이것은 『메이지 천황기明治天皇紀』를 편수한 역사가 와타나베 이쿠지로渡辺幾治郎[25]가 지적한 내용입니다.

메이지 천황의 본심은?

한편 청일전쟁에 대해 메이지 천황은 어떻게 생각했을까요? 『메이지 천황기』에는 다음과 같은 기록이 있습니다.

선전宣戰 조서詔書를 제출한 후 궁내대신宮內大臣 히지카타 히사모토土方久元[26]는 메이지 천황에게 "이세진구伊勢神宮: 일본황실의 종묘와 선대 고메이孝明 천황의 무덤을 찾아뵙는 편이 좋다고 생각됩니다만, 누구를 칙사로 하실 건가요?"라고 질문했다고 합니다.

이 질문에 대해 메이지 천황은 "그렇게 할 것까지는 없소. 이번 전쟁은 내 뜻과는 무관하게 각 대신들이 불가피한 전쟁이라고 아뢰기에 허락했을 뿐이오. 이세진구 등의 선대의 능을 찾아뵙기에는 내 마음이 너무 무겁소"라고 답했다 합니다.

이 답변을 듣고 매우 놀란 히지카타가 "벌써 선전 조서를 제출

---

25 1877~1960. 역사학자.
26 1833~1918. 도사 번 출신. 정치가. 궁내대신, 농상무대신 역임.

했는데 그리 말씀하시면 아니 될 듯합니다"라고 했는데, 이 말이 메이지 천황의 심경을 건드렸습니다. 격분한 메이지 천황은 "다시는 아무 말 말게. 자네를 보고 싶지 않네"라고 했다 합니다(『明治天皇紀』, 메이지 27년 8월 11일자 기록, 제8, 481~482쪽).

한마디로 '당신 얼굴 따위 다시는 보고 싶지 않다'며 메이지 천황이 몹시 격노했던 것입니다. 이것은 궁내청에서 편찬 감수한 메이지 천황에 관한 정식 역사서인 『메이지 천황기』에 분명히 기록되어 있는 내용입니다. 하지만 다음 날 아침 메이지 천황은 히지카타에게 사람을 보내 칙사를 누구로 할 것인지에 대한 답변을 전달했고, 이 답변을 받은 후에야 히지카타는 안도의 한숨을 쉬었다고 합니다.

이 발언을 근거로 메이지 천황은 청일전쟁을 반대했다고 보는 사람도 있지만, 단순히 그렇게 생각할 수만은 없습니다. 왜냐하면 청일전쟁 전에 메이지 천황은 "나도 비용을 절약해서 군함 제조비를 낼 터이니 관리들도 월급 일부를 반납해 군함 제조비에 충당해야 할 것"이라는 조서를 내렸기 때문입니다.

청일전쟁에 대한 메이지 천황의 본심은 알 수 없는 면이 있습니다. 하지만 전체적으로 보면 기본적으로 처음에는 평화지향적이었다가 실제로는 매 상황마다 흔들렸고, 일본이 각각의 전투에

서 승리하자 점점 전쟁 지도에 열심을 내는 쪽으로 바뀌었다고
보는 편이 타당할 것 같습니다.

타이완 정복전쟁

그런데 청일전쟁을 거론할 때 또 하나 지나쳐버리기 쉬운 부분
이 있습니다. 바로 타이완 정복전쟁입니다. 앞서 언급했듯이 청
일전쟁은 시모노세키 조약 체결로 종결된 것이 아니라 이것에 이
은 타이완 정복전쟁이 있었습니다. 3국간섭에 의해 일본은 랴오
둥 반도를 반환하게 되지만, 이 전쟁으로 타이완을 영유하게 되
면서 일본은 드디어 식민지를 획득하게 되었습니다.

일본군은 1895년 3월 23일에 평후 제도의 마궁馬公에 상륙하면
서 이곳을 근거지로 삼아 타이완 남부에 상륙합니다. 타이완 제
독에는 해군 출신의 가바야마 스케노리樺山資紀가 임명되었습니다.
가바야마가 이끄는 타이완 정벌군은 5월 말 타이완 북부에 상륙
하기 시작합니다.

1895년 6월에 청에서 일본으로 타이완을 넘기는 식이 치러질
청국 대표는 도민島民의 저항이 극심해 상륙 시 살해될 것을 두려

위한 나머지 육지가 아닌 타이완 북단 해상에서 식을 치르자고 요청했습니다. 결국 실제로 해상에서 치릅니다.

　일본군은 6월에 타이베이臺北를 점령, 8월에는 군정軍政을 폅니다. 인구 300만의 타이완은 시모노세키 조약 이후 아시아 최초 공화국인 타이완 민주국으로 독립이 선언되지만, 일본은 이에 개의치 않고 군사행동을 계속합니다. 10월에는 타이완 민주국의 중심인물이었던 류융푸劉永福가 대륙으로 도망갔고, 타이완 민주국은 멸망합니다. 뒤이어 일본은 타이난臺南도 점령하고, 11월에는 가바야마 총독이 섬 전체를 평정했다고 선언합니다. 다만 이후에도 섬 주민의 저항은 10년간 산발적으로 이어집니다.

3

•

청일전쟁 후 동아시아와 일본

청일전쟁 후 청국분할

청일전쟁 후 일본은 시모노세키 조약으로 얻은 배상금 약 3억 엔 중 1억 8,000만 엔을 육군과 해군을 확장하는 비용으로 썼습니다. 나머지는 제강소製鋼所를 설치하거나 철도 부설비·전화 설치비로 사용하는 등 청일전쟁 후 '전후경영'이라는 명목으로 군비중심 정책을 추진했습니다.

한편 방대한 배상금을 떠안게 된 청국은 자력으로는 지불할 수 없어 열강으로부터 빌린 외채로 지불합니다. 그리고 일본은 타이완 정복전쟁으로 타이완이라는 식민지를 얻으면서 제국주의 국가 대열의 끝자락에 합류하는 데 성공합니다. 반면 청국은 금융적·외교적으로 종속국, 반식민지로 전락합니다. 이렇듯 두 나라가 정반대 방향으로 운명이 갈리는 결정적인 분기점이 청일전쟁이었던 것입니다.

그 결과 어떻게 되었는지를 다음 지도를 통해 살펴보기로 합시다. 이 지도는 청일전쟁으로 체결된 시모노세키 조약의 제6조 제4항에 의해 청국 영토가 여러 열강에 의해 나뉜 결과를 나타낸 것입니다.

청일전쟁 이후 러시아는 3국간섭으로 일본이 포기한 랴오둥 반도의 뤼순·다롄을 조차租借하고, 독일은 산둥 반도의 자오저우만膠州灣을 조차했으며, 영국은 6월에 주룽九龍 반도를, 7월에 웨이하이웨이를 조차했습니다.

지도는 청나라 중심부에 대해 열강의 세력권과 철도 이권의 개요를 나타낸 것입니다. 단 지도에서 빗금으로 칠해진 지역 전체가 제국주의 각국의 지배하에 있었음을 의미하는 것은 아닙니다. 해당 범위의 주요 도시와 교통로, 그 주변을 지배하는 정도였습니다. 넓은 농촌지역 구석구석까지 지배력을 행사했던 것은 아니므로 실제로 영향력을 행사한 범위는 지도에서 표시한 전체 범위

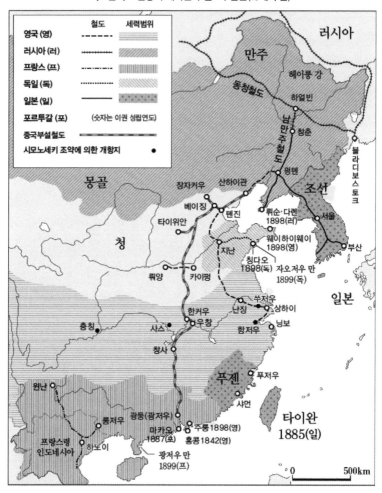

〈그림 1〉 열강의 세력권과 철도부설권(19세기 말)

영국 (영)
러시아 (러)
프랑스 (프)
독일 (독)
일본 (일)
포르투갈 (포)

철도
세력범위

(숫자는 이권 성립연도)

중국부설철도
시모노세키 조약에 의한 개항지 ●

러시아

만주

헤이룽 강

동청철도

하얼빈

블라디보스토크

장자커우

산하이관

베이징

텐진

타이위안

몽골

청

뤼순·다롄
1898(러)

웨이하이웨이
1898(영)

칭다오
1898(독) 자오저우 만
1899(독)

조선

서울

부산

일본

지난

뤄양

카이펑

쑤저우

난징

상하이

한커우
우창

닝보

사스

함저우

충칭

창사

푸젠

푸저우

윈난

룽저우

샤먼

타이완
1885(일)

광둥(광저우)

주룽1898(영)

마카오
1887(포)

홍콩1842(영)

프랑스령
인도네시아

하노이

광저우 만
1899(프)

0 500km

가 아니라는 점을 감안해서 보셔야 합니다.

크게 보자면 화중華中지역과 티베트는 영국이, 화남華南지역은 프랑스가, 산둥 반도는 독일이, 동북東北의 만주와 몽골·신강新疆· 야르칸드 지역은 러시아 세력권이 되었습니다. 특정 국가의 완전한 식민지가 된 것은 아니지만 대청제국이 여러 제국주의 국가의 세력권으로 설정되면서 그 지배하에 놓이게 되는, 이른바 반半식민지로 전락하게 된 것은 이 지도를 통해 명확하게 알 수 있습니다. 또한 일본의 세력권은 한반도, 타이완, 푸젠 성이었습니다.

청일전쟁 후 경제·사회

청일전쟁 후 일본은 거액의 배상금으로 군비확장 정책을 추진함과 동시에 화폐제도를 은본위제에서 금본위제로 개편합니다. 당시 청나라를 중심으로 하는 아시아의 화폐제도는 은본위였고, 구미의 화폐제도는 금본위였습니다. 일본경제는 이 시점에서 구미경제 쪽으로 직결되는 길을 선택했습니다.

청일전쟁시기는 일본 입장에서 이른바 '제2차 기업발흥'이라고 불리는 기간이었습니다'제1차 기업발흥'시기는 1886년 무렵. 철도회사·방직

회사·석탄회사·비료회사·해운회사가 연이어 생겨났습니다. 일본의 산업혁명은 청일전쟁에서 의화단전쟁을 거쳐 러일전쟁에 이르는 이 무렵에 대략 완성되었다고 할 수 있습니다.

이렇게 점점 일본경제가 힘을 얻게 되자 이른바 경기변동이라는 것이 생겨납니다. 청일전쟁 후 1897년부터 1898년까지, 1899년부터 1900년까지 두 차례에 걸쳐 일본경제는 큰 공황을 맞게 됩니다. 일반적으로는 이 공황을 거치면서 일본경제가 드디어 자본주의 경제로 이행된 것으로 간주합니다. 자본주의 경제의 중요한 특징 가운데 하나가 주기적으로 일어나는 공황이기 때문입니다.

민비 학살

그런데 청일전쟁 후에 일어난 일 가운데 언급해두고 싶은 것이 있습니다.

시모노세키 조약 체결 후 반년 정도 지난 시점인 1895년 10월 재조선 공사公使 미우라 고로三浦梧楼가 일본군 병사와 낭인浪人들을 이끌고 조선왕실로 쳐들어갑니다. 그러고는 민비명성황후를 학살하는 대사건을 일으켜 조선 민중들의 맹렬한 분개를 샀습니다. 이른바 '을미사변'입니다. 이 사건을 흔히 '민비 학살'이라고 말합니다.

이 어처구니없는 사건으로 조선의 인심은 완전히 일본을 떠나 러시아로 기웁니다. 이 사건으로 러시아 공사가 조선국왕을 러시아 공사관으로 옮기면서^{아관파천}, 일본의 외교 실패는 자명해집니다. 이 사건은 당시 일본인의 야만성을 전 세계에 각인시켜버렸습니다.

사건 처리를 둘러싸고 1896년 5월 미우라를 대신해 재조선 공사에 고무라 주타로^{小村寿太郎[27]}와 러시아 대리공사 웨버 사이에 협정^{고무라·웨버 협정}이 체결되고, 6월에는 전 수상 야마가타 아리토모^{山縣有朋[28]}와 러시아 외무대신 로바노프 사이에 조선에서의 양국 간 권익에 대한 규칙^{야마가타·로바노프 협정}을 정했습니다. 이 무렵 조선에서 [양국 간의 힘 균형은] 일본이 열세하고 러시아가 우위였음이 매우 명백해졌습니다.

앞서 살펴본 것처럼 청일전쟁 강화조약 제1조에 의해 조선독립을 확보했지만 일본은 스스로가 저지른 만행으로 조선에 대한 영향력을 잃고 맙니다. 이러던 중에 1897년 10월 조선은 국호를 대한제국으로 바꿔 청국으로부터 독립할 의지를 표방합니다.

---

27 1855~1911. 메이지 시대 외교관.
28 1838~1922. 조슈 번 출신. 육군 군인, 정치가.

중국관: '존경'에서 '경멸'로

당시 일반 서민들은 청일전쟁을 어떻게 생각했을까요?

앞서 언급한 『메이지 다이쇼 견문사』에는 당시의 서민들이 청일전쟁을 어떻게 바라봤는지에 대해 생생한 필치로 묘사되어 있습니다. 원저原著는 1926년에 출판되었습니다. 이 책을 참조하면서 청일전쟁시기 서민들의 심정을 살펴보겠습니다.

먼저 전쟁이 발발하기 전의 상황입니다.

메이지 외교사를 살펴보면 우리나라[일본]와 청나라 사이의 싸움은 우발적인 것이 아니라 올 것이 온 흉변凶變이었는데, 정부의 사정을 아무것도 모르는 지방 사람들은…… 왜 이 전쟁이 일어났는지 쉽게 이해할 수 없었다. ……왜냐하면 우리는 이 전쟁이 시작될 때까지만 해도 중국인支那人을 나쁜 국민으로 생각하지 않았고, 중국에 대한 증오감 따위 한번도 품어본 적이 없기 때문이다(『明治大正見聞史』, 33쪽).

나는 아버지로부터 매일 밤 한문을 배웠다. ……학교에서 매일 배우는 문자도 중국의 문자다. ……이 무렵 일본 문명의 거의 99퍼센트는 그 유래를 따져보면 모두 중국에서 건너온 것이었다.

여름 축제 때는 각 마을에서 멋지게 장식한 수레를 어깨에 메고 선보이는데 높은 두 개의 난간 윗부분에 놓인 커다란 인형의 상당수 는 중국영웅이었다. (한漢나라 고조, 초楚나라 항우·관우·장비·노지심 등) ……청일전쟁이 일어나기 전까지만 해도 나 같은 어린아이에게 중 국은 멋지고도 로맨틱하며 영웅적인 이미지의 나라였다. 그때까지 우리가 보고 들은 것 중에서 중국에 대해 적대적인 감정을 품거나 업신여긴 것은 하나도 없었고, 중국을 동양에서 가장 큰 제국이라고 생각했다(앞의 책, 33~34쪽).

한자만이 아니라 집에 있는 병풍이나 장식품·살림살이, 회화 등 멋진 것의 대부분 또는 전부가 중국에서 유래한 것이고, 아이 들은 중국영웅에 대해 로맨틱한 추억을 품었다고 기록하고 있습 니다. 중국을 미워하는 감정이 없이 지방에서 살아가는 일반 서 민에게 왜 일본이 청국과 싸워야 하는지 처음에는 이해하기 어려 웠을 정황이 짐작됩니다.

다음은 일본이 계속해서 승리를 거두던 전쟁 중의 심경을 인용 해보겠습니다.

전쟁 초반에 가졌던 불안함이 사람들 사이에서 사라짐과 동시에

연이은 승전보 소식에 우리 모두의 마음에 용기가 솟아나면서 적을 경멸하는 생각도 품게 되었다. 전쟁 개시 후 얼마 뒤에는 그림에도 노래에도 중국인에 대한 증오감이 반영되기 시작했다.

초기에는 모두가 마음속으로 중국을 두려워했다. 그런데 우리 황군皇軍이 적진에서 파죽지세로 이기는 것을 보면서 세간에 떠도는 노래에도 그림에도 신문잡지에도 연극에도 중국인을 우롱하고 조소하는 것으로 사람들을 웃게 하는 경우가 많아졌다(앞의 책, 39~40쪽).

전쟁에서 계속 일본이 승리하자 점점 용기를 얻게 되었고, 동시에 중국을 경멸·증오하는 감정이 솟구치고, 미디어들도 중국인을 우롱·조소하는 듯한 보도를 시작해, 그 기사를 서민들이 즐기게 된 것입니다.

다음은 청일전쟁이 끝난 후의 기술을 인용해보겠습니다.

전쟁에서 청국과 접촉하면서 중국 문명이 일부 유입되긴 했지만, 중국이 너무도 쉽게 패배했다는 사실이 일본국민들이 중국을 우습게 여기게 만들었다. ……우리는 일본인의 가치를 알았다. 아니, 이전의 반동으로 일본인을 지나치게 과대평가하는 것이리라. 이러한 분위기에 편승해 한편에서는 이전부터 존재하던 보수풍조가 배외감

정을 더욱 부추겼고, 다른 한편에서는 서양을 경외하는 관념이 싹트
기 시작했다(앞의 책, 58쪽).

너무 쉽게 청나라가 일본에 패하자 일본인의 마음속에는 중국
을 업신여기고 자신들을 높게 평가하는 배외감정이 강해지고 또
동시에 서양을 경외시하는 감정도 커졌다고 우부카타는 기술했
습니다.

청일전쟁은 일본인의 중국에 대한 감정을 크게 전환시킨 분기
점이 된 전쟁이기도 했습니다.

청일전쟁이 낳은 '국민'의식

청일전쟁 이전의 일본에는 아직 '국민'이라는 자각을 가진 사
람은 그다지 없었습니다. 헌법에서는 '대일본제국 신민臣民'이라
고 명시되어 있긴 했으나 실제 생활에서는 '국민'이라는 감각은
여전히 존재하지 않았다고 봐도 무방합니다.

1890년 헌법이 선포되던 당시 서민들이 가지고 있던 감각을 우
부카타는 『메이지 다이쇼 견문사』에서 다음과 같이 기록했습니다.

어린아이였던 내게 비춰지기로는 헌법 선포가 지방 사람들의 마음에는 그다지 혁신적인 자극이 되지 못했던 것 같다. 모두들 뒤통수를 얻어맞은 듯한 심정인 것 같았다. 근본적으로 지방 사람들이 마음을 움직여 메이지 신정부에 복종하고 중앙정부를 신뢰하게 된 것은 청일전쟁이라는 하사물 덕분이었던 것 같다. 헌법 선포 전에는 물론 그 후 2~3년 정도까지도 나 같은 지방 사람들은 메이지 정부를 마음에서 우러나 복종하지는 않았다(앞의 책, 25쪽).

노인들은 매일 아침 신단을 향해 신神이 된 도쿠가와 이에야스에게 절을 하고 주문을 외운다. 이는 마치 러시아 제정帝政시대의 농민들이 폐제廢帝 니콜라스의 성상聖像을 향해 예배하는 것과 같다. 하치만 대보살[八幡大菩薩: 무가武家의 수호신]과 아마테라스 스메오미카미[天照皇大神: 일본신화에 등장하는 신, 황실의 조상신], 도요케 오미카미[豊受大神: 곡식의 여신]와 더불어 도쿠가와 이에야스의 부적은 신단에 오랫동안 장식되어 있다. 생각해보면 이것은 도쿠가와 정부의 선전정책이 서민의 생활에까지 뿌리내린 것이라고 할 수 있을 것이다.

이 장의 앞부분에서 언급한 것처럼, 1871년 폐번치현에 의해 제도상으로는 막번체제가 끝났지만 서민들의 마음속에는 여전히 에도 시대의 색채가 짙게 남아 있었고, 청일전쟁 전에는 메이지 천황의 존재도 일반 서민에게는 여전히 거의 알려지지 않았습니다.

후세인의 관점에서 메이지 천황은 메이지 1년부터 군주로 군림한 것처럼 생각되기 일쑤이지만, 당시 서민들의 대부분은 쇼군 가문^{将軍家}, '大樹将軍'은 알아도 천황에 대해서는 여전히 "천자^{天子}라는 존재가 있는 듯"하다는 정도로 인식했던 것 같습니다.

그런데 청일전쟁을 통해 국민의식이라는 것이 서서히 서민들 속에도 싹트기 시작합니다. 자신들의 국가인 일본이 이웃대국^{大國}인 청나라와 싸우며 자신들의 나라에는 천황이라는 위대한 분이 계시다, 그전까지만 해도 제일 위대한 사람은 그 지역의 영주라고 여겨왔지만, 사실은 그렇지 않고 더 위대한 천황이 계시다는 생각을 하게 됩니다.

그전까지는 통성명을 할 때 "나는 어느 번^藩 사람이오"라고 소개했지만, 청일전쟁 즈음에는 "대일본제국의 국민이오"라고 말하게 된 것입니다. 그리고 그런 자신들의 나라가 계속해서 승리를 거두는……. 이러한 과정을 거쳐 처음으로 사람들 사이에 '국민'의식이라는 것이 생겨나고 그것이 서서히 정착되어갑니다. 어떤 의미에서 청일전쟁에 의해 일본에 '국민'이 탄생하고 천황의 권위도 확립되었다고 할 수 있겠습니다.

게다가 청일전쟁 당시에는 전쟁을 '대의명분이 없는 전쟁'이라고 비판했던 가쓰 가이슈勝海舟[29]를 제외하면 전쟁을 반대하는 사람은 거의 없었습니다. 당시에는 거의 대부분의 서민들은 전쟁에 대한 거부감이 없었고 전쟁 자체가 나쁜 것이라는 감각조차 없었습니다. 제2장에서 말씀드리겠지만, 반면 러일전쟁 때는 명확한 반전론反戰論이 대두됩니다.

하지만 청일전쟁 때에는 반전론을 표명하는 사람이 거의 없었으며, 러일전쟁 때 반전론을 외쳤던 우치무라 간조內村鑑三[30]조차 청일전쟁 때에는 의전론義戰論을 주장할 정도였습니다.

---

29 1823~1899. 구막부 관료. 메이지 시대 정치가.
30 1861~1930. 기독교 사상가. 문학가. 성서학자. 무교회주의를 제창.

제2장

러일전쟁: '제2차조선전쟁'

"러시아군이 퇴각하면 일본정부는 이기고 있다고
계속 선전했다. 하지만 언제 역습을 당할지 알 수 없었으니
실제로는 '무승부' 정도의 상황이 이어지고 있었다."

1

의화단전쟁

의화단운동이란 무엇인가

흔히 청일전쟁 다음으로 일본이 일으킨 전쟁은 러일전쟁이라고 생각합니다. 하지만 서장에서 언급한 것처럼 청일전쟁과 러일전쟁 사이에는 엄연한 '전쟁'이 또 하나 있었습니다. 바로 '의화단전쟁'이었습니다. '북청사변' '의화단의 난'이라 불리는데 중국에서는 이른바 '8개 연합군八國連軍의 난'으로, 의화단과 청조가 8개국 연합군과 벌인 싸움을 뜻합니다.

이 책에서는 앞으로 '의화단전쟁'이라고 부르겠습니다. 이 전쟁의 이름은 아직 정착되지 않았지만, 고바야시 가즈미^{小林一美}의 저서 『의화단전쟁과 메이지국가^{義和団戦争と明治国家}』에서도 알 수 있듯이, 실질적으로는 완전한 전쟁의 성격을 띠었습니다. 군사의 역사를 다룬 고전 가운데 하나로 '대동아전쟁' 개전 직후인 1941년 12월에 발행된 이토 마사노리^{伊藤正德}의 『국방사^{国防史}』에도 「북청사변^{의화단전쟁}」은 독립된 장^章으로 다뤄지고 있습니다. 러일전쟁에 대해 살펴보기 전에 먼저 의화단전쟁에 대해 알아봅시다.

청일전쟁 후 청국에서는 캉유웨이^{康有爲}[1] · 량치차오^{梁啓超}[2] 등이 주체가 되어 입헌정치의 실현을 목표로 한 개혁운동인 이른바 '변법자강^{變法自强}'운동을 전개하고 있었습니다. 그런데 1898년에 서태후 등 보수파의 탄압에 의해 좌절됩니다^{무술정변}. 그리고 이듬해 1899년 의화단이 산둥 성에서 봉기합니다.

19세기 말에 청나라에서 시작된 의화단운동은 청일전쟁 후에 열강에 의해 반식민지 상태에 처한 청조^{淸朝}를 도와 살리고 외국을 멸하자는 '부청멸양^{扶淸滅洋}'을 슬로건으로 내걸고 전개되었습니다.

허베이^{河北} 성 · 산둥 성을 중심으로 기독교 교회를 공격하고 여러 외국과 연결되는 것을 배척하는 등 한마디로 설명하자면 반^反제국주의운동이었습니다.

---

[1] 1858~1927. 정치가, 사상가. 『대동서』를 저술.
[2] 1873~1929. 정치가. 무술정변 당시 캉유웨이의 참모. 무술정변 실패 후에는 일본으로 망명하여 『청의보(淸議報)』 『신민총보(新民叢報)』, 문학지인 『신소설(新小說)』을 간행함.

1900년에 들어서면 의화단의 파괴 활동은 한층 더 격해집니다. 사태를 심각하게 여긴 열강 각국은 1900년 5월에 베이징 주재 11개국이 모여 회의를 열어 청나라 정부에 의화단의 진압을 요청함과 동시에 각국이 군대를 보내 진압에 참여합니다. 6월에는 의화단이 결국 베이징에 입성해 각국 공사관을 포위합니다.

연합군의 승리와 약탈

초기의 가장 큰 전투는 허베이 성의 항구 다구大沽에서 벌어졌습니다. 1900년 6월에 격렬한 포격전 끝에 8개국의 연합군이 다구 포대를 점령하는데 청국군도 반격해 톈진에 있던 프랑스·영국·독일·일본 거류지를 공격합니다. 청나라의 실권을 쥐고 있던 서태후西太后[3]도 8개국에 대해 개전을 결정합니다. 7월에는 톈진을 무대로 격한 전투를 벌이는데 8개국 연합군이 승리한 뒤, 8월 초에는 베이징으로 진군을 개시, 8월 15일에는 베이징을 점령해 의화단을 진압합니다.

이 의화단전쟁의 8개국 연합군일본·영국·프랑스·독일·러시아·이탈리아·오스트리아·미국 가운데 대활약을 한 것은 일본군이었습니다. 청국과 인접

---

3 1835~1908. 함풍제의 후궁이며, 동치제의 생모인 자희황태후. 동치제와 광서제의 섭정을 지냈고, 광서제가 입헌과 캉유웨이와 입헌군주제를 위한 전환을 꾀하자 무술정변을 일으켰음.

한 곳에 있으며 신속하게 군대를 파견할 수 있었던 일본은 열강 군대 가운데 가장 앞장서서 두각을 나타냅니다.

연합군은 군사적으로 승리를 거두고 베이징을 점령했지만 당시 '문명국' 군대의 행태라고는 생각할 수 없는 소행을 저지릅니다. 연합군 가운데 재빠르게 베이징에 도착했던 일본군은 말굽 모양을 한 은銀, 이른바 마제은馬蹄銀을 대량으로 챙겨 돌아옵니다. '마제은 사건'이라 불리는 일본군의 이러한 행위는 당시 큰 문제를 불러일으킵니다.

하지만 다른 나라들도 마찬가지로 전리품을 찾아 베이징 거리를 누비며 약탈을 일삼습니다. 일본이나 러시아에 비해 뒤늦게 베이징에 도착했던 독일·이탈리아·오스트리아 등은 일부러 약탈을 목적으로 원정을 하기도 했습니다. 『언덕 위의 구름』에는 러시아군을 비롯한 각국 군사들이 철저히 약탈했지만, "일본군만은 한 명도 약탈하지 않았다"(文春文庫 (2), 366쪽)고 기록되어 있습니다. 하지만 이것은 사실과 다릅니다.

1900년 10월 열국列國 공사公使가 모여 의화단전쟁을 어떻게 처리할까를 논의하는 제1차 회의가 열립니다. 청국에 대한 강화조건을 제시한 이듬해인 1901년 4월에 열국은 4억 5,000만 냥의 배상금을 청국에 요구했습니다. 청국도 이를 수락했습니다. 배상금

은 39년간 분할 지불하며, 다구大沽 포대를 철거하고, 베이징 공사
관 지구地區에 군대를 주둔시켜도 좋다고 승인을 받습니다. 일본
에 배당된 배상금은 3,479만 냥이었습니다.

　참고로 이때 각국 군대 주둔을 허락한 것이 훗날 중일전쟁의
방아쇠가 되는 루거우차오 사건의 원인遠因이 됩니다. 제2차 세계
대전 때 일본의 '중국 파견' 근거가 된 것은 이때 열국이 얻어낸
베이징의 군대 주둔 항목이었습니다. 어떤 의미에서 루거우차오
사건은 그 사건이 발생하기 훨씬 이전인 1901년에 이미 작은 한
톨의 씨앗으로 이 땅에 뿌려졌다고 볼 수 있습니다.

일본군의 활약과 영일동맹

　한편 영국은 의화단전쟁에서 크게 활약한 일본을 주목합니다.
영국은 당시 남아프리카 보아 전쟁에 발목이 잡힌 상태여서 자유
롭게 동원할 수 있는 병력이 없었습니다. 이 상황에서 오랜 세월
고수해오던 '영광스러운 고립Glorious Isolation' 정책을 버리고 일본과
손을 잡습니다. 이른바 '제1차 영일동맹'이 1902년 1월에 성립합
니다.

1등국 영국의 동맹국이 된 일본은 기세등등해지는데, 사실 이 동맹이 성립한 데는 영국의 숨은 의도가 있었습니다. 세계제국 영국이 일본과 손잡았던 진정한 의도는 러시아와 프랑스의 대항 세력으로 일본을 이용하고자 함이었습니다.

『메이지 다이쇼 견문사』에는 영일동맹에 대해 다음과 같이 언급되어 있습니다.

> 영일동맹이 35년 무렵 체결되었다. 당시 [이 소식에] 기뻐하지 않는 사람이 없었다. 그 시절 일본과 영국 간의 동맹은 전혀 격이 맞지 않는 결합이었다. 이 동맹은 누가 봐도 볼품없는 집 사람이 명문가에 시집가는 것 같은 모양새였다(『明治大正見聞史』, 144쪽).

영국 유학 중이었던 나쓰메 소세키夏目漱石[4]도 어느 편지에서 "이 동맹사건 이후 본국에서는 상당히 소란하다고 한다. 그만한 일로 그렇게 요란 떠는 것은 마치 가난한 자가 부잣집과 혼담을 맺었을 때 기쁨에 겨워 종과 북을 치며 온 동네를 돌고 다니는 것과 같지 않은가"라고 표현했습니다(三好行雄 編, 『漱石文明論集』, 岩波文庫, 1986, 332쪽).

게다가 의화단전쟁이 한창 벌어지고 있던 1900년 5월 10일에

---

[4] 1867~1916. 소설가, 영문학자. 대표작으로는 『나는 고양이로소이다』 『도련님』 『산시로』 『마음』 등이 있음.

는 황태자 요시히토 친왕嘉仁親王과 구조 사다코九条節子의 혼례식이 있었고, 이듬해 1901년 4월 29일에 황손皇孫이 탄생해 미치노미야 히로히토廸宮裕仁라 이름 지었습니다. 이 황손이 훗날의 쇼와 천황입니다.

2

러일전쟁과 한국병합

「한일의정서」

　러일전쟁은 일본과 러시아 사이의 전쟁이었으므로 '러일전쟁'
이라 부르는 것이 당연합니다. 하지만 전쟁 목적을 생각해보면
이것 역시 청일전쟁과 마찬가지로 조선의 지배권을 둘러싼 전쟁
이었습니다. 전쟁의 무대도 육상에서는 조선과 청국의 일부, 남
만주였습니다. 따라서 청일전쟁이 본질적으로 '제1차 조선전쟁'
이었던 것과 마찬가지로 제가 생각하기에는 러일전쟁도 따옴표
를 붙여 '제2차 조선전쟁'으로 부를 수 있다고 봅니다.

또한 러일전쟁에서 조선 문제를 생각할 때 매우 중요한 것이 있습니다. 일반적으로 일본이 한국을 병합한 것은 러일전쟁 이후 5년 뒤인 1910년으로 알고 있습니다. 그러나 뒤에 쓰겠지만 러일전쟁 개시와 동시에 일본은 사실상 한국 내정에 강제적으로 간섭하고, 러일전쟁 직후까지 실질적으로는 한국을 지배하에 두었습니다.

1904년 2월 10일 러일전쟁을 선전포고한 날로부터 2주도 지나지 않은 시점인 2월 23일, 일본은 한국의 '독립과 영토 보전을 확실히 보증하기' 위해 군사상 필요한 지역을 일본이 접수해 사용할 것을 승인하는 내용이 포함된 「한일의정서」를 한국에 들이밀었습니다. 그러고는 개전 후인 5월 말에 '제국의 대한對韓 방침'을 결정, 한국의 군사·외교·재정·교통·통신 등을 일본의 감독하에 둘 것을 정합니다.

8월에는 '제1차 한일협약'을 체결하고 일본인 혹은 일본이 추천하는 재정 고문·외교 고문을 둘 것, 한국이 다른 나라와 조약을 체결할 때에는 일본과 반드시 사전에 협의할 것 등을 용인하게 했습니다. 그리고 러일전쟁의 강화조약인 이른바 포츠머스 조약이 체결된 2개월 후인 1905년 11월에는 '제2차 한일협약'에 강제적으로 조인하게 해 한국에 통감을 두고, 이토 히로부미를 초대 통감에 임명합니다.

즉 일본은 러일전쟁시기에 한국 지배를 사실상 거의 확정시켰던 것입니다. 제가 러일전쟁을 '제2차 조선전쟁'으로 봐도 좋다고 생각하는 이유 가운데 하나가 이러한 사실이 중요하기 때문입니다.

전쟁 개시 경위

한편 아시아에서 러시아나 프랑스의 세력권 확대를 경계해왔던 영국은 의화단전쟁에서 활약한 일본을 러시아를 견제할 수 있다고 판단해 영일동맹을 맺었습니다. 하지만 이 동맹의 내용을 알았던 러시아는 의화단전쟁 후에 만주에 주둔하던 군대를 세 차례로 나눠 철병시킬 것을 청국과 약속을 맺고 1902년 10월에는 제1차 철병을 진행합니다. 그러나 이듬해 3월 제2차 철병은 진행하지 않았습니다. 그사이 1902년부터 1903년에 걸쳐 일본의 고무라 주타로小村寿太郎[5] 외무대신과 러시아의 로젠 주일 러시아 공사 사이에 협상이 몇 차례 시도됩니다. 즉 일본이 한국에서 가질 권익과 러시아가 만주에서 차지할 권익에 대한 논의인데, 순조롭게 진행

5 1855~1911. 외교관, 정치가. 영일동맹 체결. 포츠머스 조약 조인.

되지 못했습니다.

일본 측이 제시한 조건은 러시아가 일본에 의한 한국보호국화를 눈감아주면 일본은 러시아가 만주에서 철도경영하는 것을 봐준다는 것이었습니다. 하지만 러시아 측이 제시한 조건은 러시아의 만주 권익을 인정해달라는 것과, 한국의 자주독립을 보장하고 한국 영토를 군사적으로 이용하는 것을 금지한다는 내용이었습니다. 따라서 양국은 팽팽하게 대립했습니다. 일본 측에서 수정안을 제시해보기도 했지만 결국 교섭은 결렬되었습니다.

이렇게 해서 1904년 2월 4일 일본은 어전회의御前會議에서 러시아와 전쟁할 것을 최종적으로 결정하고, 러시아에 국교단절을 통고했습니다. 2월 8일에는 한국이 중립 선언을 했는데도 이를 무시하는 형태로 일본군은 인천에 상륙했고, 인천 앞바다와 뤼순커우旅順口에서 러시아 함대를 포격하고 동시에 한국의 군사를 점령하기 시작했습니다. 2월 10일 일본은 러시아에게 선전 조서를 건네고 전쟁을 개시합니다. 이것이 개전까지 이어지는 대략의 흐름입니다.

전쟁 비용 조달과 다카하시 고레키요

전쟁을 하게 되면 정부는 일반회계와는 별도로 임시군사비 특별회계라는 항목을 만듭니다. 러일전쟁의 경우도 전쟁이 개시된 지 약 2개월 후인 1904년 4월에 일본정부는 특별회계 항목을 예산항목에 추가합니다. 대국 러시아와 벌이는 전쟁에서 일본이 승리하기 위해서는 군함과 무기를 만들 자금이 많이 필요했습니다. 이를 위해 세금을 늘리고 국채를 발행하는 일이 급선무였습니다. 청일전쟁 때는 전쟁 비용을 기본적으로 세금이나 내국채^{內國債}만으로 충당했지만, 러일전쟁 비용은 그것만으로 부족해 외국에 빌리는 빚, 즉 외채^{外債}를 모집해 채웠습니다.

이 과정에서 크게 활약한 인물이 당시 일본은행 부총재를 맡고 있던 다카하시 고레키요^{高橋是淸}[6]였습니다. 다카하시는 전쟁이 일어난 직후 일본을 떠나 미국·영국에 건너가 일본의 공채를 받아줄 은행을 찾아다닙니다. 당시 일본 공채 가격은 하락해 공채 발행에 응해줄 곳을 찾기란 쉽지 않았습니다. 퍼스^{Perth} 은행 런던 지점 부지점장 알렉산더 A. 셴드^{Alexander Allan Shand}, 미국 유대인 은행가 야곱 시프^{Jacob H. Schiff}의 협력을 얻어 겨우 공채를 발행할 수 있었습니다.

---

6 1854~1936. 정치가, 제20대 내각총리대신(재임: 1921.11.13~1922.6.12) 역임.

사실 셴드와 다카하시는 정부 초빙 외국인 자격으로 셴드가 일본에 체재했을 때 다카하시가 셴드의 일상생활을 돌봐준 사이였습니다. 그리고 야곱 시프가 협력한 것은 러시아가 유대인을 강하게 압박하고 있는 점을 고려했기 때문이라고 합니다(『高橋是清自伝』下, 中公文庫, 1976, 213쪽).

하지만 이 공채발행에는 6.5퍼센트의 고금리가 조건으로 따라붙었습니다. 전쟁 개시 당시 일본이 러시아에게 이길 것으로 판단하는 사람은 거의 없었기 때문입니다. 하지만 서서히 일본이 전쟁 국면을 유리하게 끌어가면서 금리는 4.5퍼센트, 4퍼센트로 내려갑니다.

『언덕 위의 구름』영향도 있어서 러일전쟁에서는 동해해전에서 활약했던 해군 도고 헤이하치로나 아키야마 사네유키秋山眞之[7] 등 군인에게 관심이 쏠리는 경향이 있지만, 역사란 전투나 사건만으로 구성되는 것은 아닙니다. 군함을 만들기 위해서는 자금이 필요하며 그 자금은 국민의 세금이나 국가의 빚인 국채로 충당해야 합니다. 도고나 아키야마가 전투에 힘쓸 수 있었던 것은 동분서주하며 외채를 모집했던 다카하시 고레키요 등이 있었기 때문입니다.

참고로 다카하시 고레키요라는 인물은 파란만장한 인생을 보

---

7 1868~1918. 군인. 러일전쟁에서 활약. 발틱 함대와의 전투를 승리로 이끎.

낸 사람으로『자서전』이 매우 흥미롭습니다. 약간 다른 얘기지만, 여기서 다카하시의『자서전』목차를 소개하며 그의 인생 여정을 간략하게 소개해보겠습니다.

어릴 때 미국으로 건너가 노예로 팔렸으나 노예 신분을 벗은 뒤 메이지 유신 소식을 듣고 귀국했으며 영어 실력을 평가받아 대학남교大學南校: 훗날 도쿄 대학의 교사가 됩니다. 그다음은『자서전』의 목차를 보면 방탕시절, 대장성大藏省: 재무부 근무, 실직, 문부성文部省: 교육부 근무, 교장, 다시 방랑자 신세, 우유사업[시작], 실패, 번역일, 투기꾼, 문부성 근무, 농상업성農商業省 근무, 상표등록소 소장, 전매특허소 소장, 유럽과 미국 시찰, 페루 은산銀山[투자], 다시 실패, 셋방살이, 일본은행 건축 사무주임, 시모노세키 지점장, 요코하마 쇼킨正金 은행 지배인, 쇼킨 은행 부취체副取締, 일본은행 부총재, 러일전쟁 외채 모집, 외채 성립, 영국·미국·독일·프랑스 재계財界 회고回顧로 구성되어 있습니다.

『자서전』에 포함된 내용은 여기까지입니다. 그의 실제 생애는 그 후에도 귀족원 의원, 일본은행 총재, 대장大藏대신 두 차례 역임, 내각총리대신 역임, 금융공황 때 세 번째 대장대신이 되고, 쇼와 공황 후에 네 번째 대장대신이 되었습니다. 5·15사건 후에 다섯 번째 대장대신, 여섯 번째 대장대신을 지내던 때 2·26사건으로 암살되면서 82세의 생을 마감했습니다. 『자서전』에는 여러 가지 재미있는 에피소드가 가득 실려 있으므로 관심 있으신 분은 직접 읽어보시기 바랍니다.

러시아 퇴각전과 뤼순 공략

러일전쟁의 전쟁 국면을 개략적으로 살펴보도록 하겠습니다.

육전에서는 1904년 8월에서 9월까지 랴오양遼陽 전투, 10월 사허沙河 전투에서 일본군과 러시아군이 전열을 불태웁니다. 육전에서 러시아의 작전은 일관되게 퇴각하는 전술을 펼쳤는데, 이는 일본의 병사와 물자 보급 병참선 거리를 길게 늘어뜨려 그 병참선의 최후 지점에서 한꺼번에 포위해 전멸시키기 위함이었습니다.

따라서 개별 전투를 보면 일본이 계속 승리한 것처럼 보이지만 실제로는 러시아군이 안쪽으로 계속 퇴각을 한 것이었습니다. 사허 전투에서 일본군은 저장해둔 탄약이 떨어져 눈앞에 유유히 퇴각하는 러시아군을 보면서도 어찌할 방도 없이 보내기도 합니다.

일본 입장에서 승리를 위해 필요했던 것은 뤼순 항 공략이었습니다. 3국간섭으로 일본이 포기한 랴오둥 반도를 러시아가 조차

하고 있었는데, 러시아는 랴오둥 반도의 서쪽 끝단에 있는 뤼순 항을 확고한 요새로 구축해두었습니다. 뤼순에는 러시아해군의 제1태평양함대^{뤼순 함대}가 대기 중이어서 일본해군에게는 매우 위협적인 존재였습니다. 일본 입장에서는 당시 세계 최강이라 불리던 러시아 발틱 함대^{정확하게는 '발트 함대'}가 합류하기 전에 어떻게든 뤼순을 공략할 필요가 있었습니다.

1904년 8월에는 육군 대장 노기 마레스케^{乃木希典}[8] 지휘 아래 제1차 총공격을 개시했으나 실패, 10월 말에 다시 총공격을 시도하나 이것도 실패, 11월 말에서 12월 초까지 제3차 총공격에서 203고지를 점령하고, 이듬해 1월 2일에 일본군은 드디어 뤼순의 성문을 여는 데 성공합니다. 이때 일본군의 피해는 막대했고, 1월 5일 뤼순 요새 사령관이었던 스테셀^{Anatolii Mikhailovich Stoessel} 장군과 노기 대장이 수사영^{水師營}에서 회담을 갖고, 뤼순 전투는 끝을 맺습니다.

펑톈 전투에서 동해해전으로

1905년 3월에는 러일전쟁 중 최대 육전인 펑톈^{奉天} 전투가 벌어

---

8 1849~1912. 군인, 교육자. 조슈 번 출신. 메이지 천황을 따라 순사(殉死).

집니다. 일본군의 병력은 25만, 러시아군이 36만이 투입돼 일본군 사상자 수가 7만 명이 넘는 격전이었습니다. 이 전투에서도 러시아군의 전략은 최종적으로는 퇴각·철수하는 것이어서 일본군은 펑톈을 점령했지만 결국 포위·섬멸에는 성공하지 못합니다. 따라서 육전의 승패는 결론이 나지 않은 상태였습니다.

펑톈 전투 직후 참모총장 야마가타 아리토모도 정전(停戰)하지 않을 수 없는 상황으로 내다봤습니다. 4월 21일 각의(閣議)에서는 러시아와 맺을 강화조건과 한국에 대한 보호권을 확립하는 방침을 '절대적 필요조건'과 '비교적 필요조건'으로 나누어 결정했습니다. 그중 배상금 조항은 '비교적 필요조건'에 포함시키로 해 억지로 고집하지는 않는 방침이었습니다.

이렇듯 1905년 5월 하순 시점에도 승패는 여전히 확정되지 않은 상태였습니다. 그런데 5월 27일에 대서양·인도양·태평양을 횡단하는 장대한 원정을 해온 러시아 발틱 함대가 드디어 쓰시마 해협에 모습을 드러냈습니다. 이튿날인 28일에 일본의 연합함대와 교전(交戰)을 벌이는데 여기에서 일본이 결정적인 승리를 거둡니다. 이 동해해전 승리가 러일전쟁 국면에 결정적인 영향을 미칩니다. 이 전투에서 승리한 일본은 6월 1일에 바로 미국에 강화를 알선해달라고 부탁합니다.

이 시점이 일본으로서는 더 이상 버티기 어려운 한계점이었다고 하겠습니다.

'상처투성이로 끝난' 러일전쟁

러일전쟁은 군사사적軍事史的으로는 육전에서 랴오양 전투·사허전투·펑톈 전투를 벌였지만 전혀 승패가 가려지지 않았습니다. 러시아군이 퇴각하면 일본정부는 국민에게 "이겼다. 이겼다"고 계속 선전을 했습니다. 하지만 개별 전투의 실태는 일본육군이 러시아육군에게 명백하게 이겼다고 볼 수 없었고, 언제 역습을 당할지 알 수 없는 상태로 겨우겨우 '무승부' 정도의 상황이었습니다. 일본해군도 러시아해군 극동의 두 거점인 뤼순과 블라디보스토크를 봉쇄하려는 작전을 펼쳤지만 이 역시 계획대로 순조롭게 실행되지 않았습니다. 그래서 앞서 살펴본 것처럼 육군 측에서 많은 희생을 치르면서까지 간신히 뤼순을 공략했던 것입니다.

당시 사람들 중에는 정부의 선전과 달리 전망이 전혀 보이지 않는 전쟁 형국에 민감하게 반응하는 이들도 있었습니다. 앞에서도 몇 번 인용한 우부카타 도시로는 다음과 같이 말했습니다.

뤼순이 함락될 앞뒤 시점에 전쟁터에서 귀환한 사람들의 입을 통해 우리는 처음으로 철조망의 무서움을 알았고, 속사포의 괴력을 알았으며, 요새^{要塞}전투가 얼마나 곤란한지도 알게 되었다. 또한 일본인에게 야마토 정신이 있는 것처럼 러시아인에게도 러시아인 기백^{露助魂}이 있다는 것을 알았다. 더불어 랴오양·사허·펑톈 전투를 하면 할수록 전선^{戰線}이 넓어졌고, 북쪽으로 진격하면 할수록 얼음과 눈이 깊게 쌓여 강과 길이 구분조차 되지 않을 정도였고, 주먹밥은 얼음이 되어 바늘을 씹는 것 같다는 불평불만이 터져 나오기 시작했다. ……이에 반해 적군은 퇴격하면 할수록 고향에 가까워지고 식량 운송력이 점차 좋아졌다. 추위에 대해서는 불사신과 같았다. 생사를 함께해야 한다고 생각하는 일본군에서는 퇴각하면 벌을 받지만…… 러시아군에서는 능수능란하게 퇴격하면 항상 상을 받는다고 한다. 이기면 상관없지만 그들의 퇴각로를 따라 점점 깊숙이 내지로 들어간다면 결국 어떻게 되겠는가? 뤼순 항을 함락하고, 펑톈을 점령했지만 불안한 분위기가 오히려 이전보다 더 짙게 깔렸다(『明治大正見聞史』, 179쪽).

러일전쟁의 경위가 이러했던 것을 생각하면 이 전쟁에서 일본이 완전한 승리를 거두었다고는 절대 말할 수 없습니다. 이른바

'상처투성이의 무승부'였다고 볼 수 있습니다. 이것은 동해해전에서 이긴 일본이 강화조정을 미국에 먼저 의뢰했고, 강화조건도 무리한 요구는 하지 않았던 것을 봐도 명확히 드러난다고 볼 수 있을 것입니다.

포츠머스 조약

1905년 6월 9일 일본에서 강화 알선을 의뢰받은 미국 대통령 시어도어 루스벨트는 러일 양국에 강화조약을 체결할 것을 권고합니다. 일본은 다음 날 10일 이를 즉시 수락합니다. 러시아도 이틀 뒤에 수락합니다. 그리고 약 1개월 후인 7월 7일에 일본은 강화회의를 유리하게 진행시키기 위해 육군을 러시아령 사할린^{가라후토樺太} 섬에 상륙시키고는 이곳을 점령합니다.

앞서 청일전쟁 때 강화회의를 진행하며 평후 제도에 상륙했던 것과 마찬가지로 러일전쟁 후 강화회의를 시작할 때에도 같은 행동을 취했던 것입니다. 그리고 강화회의가 열리기 직전인 7월 29일에는 가쓰라 다로桂太郎[9] 수상과 미국 특사 윌리엄 태프트William Taft[10] 사이에 비밀 각서를 교환했습니다. 훗날 밝혀진 바로는

9 1848~1913. 군인, 정치가.
10 1857~1930. 정치가, 법률가. 제27대 대통령(재임: 1909~1913) 역임.

비밀 각서 내용은 필리핀에 대한 미국의 권익과 한반도에 대한 일본의 권익 행사를 서로가 승인한다는 것이었습니다.

강화회의는 1905년 8월 10일부터 29일까지 미국 동부 항만도시 포츠머스Portsmouth에서 이루어졌습니다. 일본 측 전권全權 고무라 주타로 외무대신과 러시아 측 전권 비테Sergei Y. Witte[11] 간의 격렬한 응수 끝에 9월 5일 러일강화조약, 이른바 포츠머스 조약이 조인되었습니다.

앞서 살펴본 청일전쟁 시모노세키 조약 항목에서 전쟁의 본질은 강화조약에 가장 명확하게 제시되어 있다고 말씀드렸는데, 여기서도 러일강화조약의 내용을 살펴보기로 하겠습니다.

제1조는 의례적인 조항으로 실질적인 조항은 제2조부터입니다. 러시아는 일본이 한국에서 '정치상·군사상·경제상의 탁월한 이익을 가짐'을 인정했습니다. 시모노세키 조약 제1조 역시 한국에 관한 조항이었는데, 러일전쟁에서도 일본의 첫 번째 전쟁 목적은 한국을 확보하는 것이었음을 이 조항이 대변해주고 있습니다. 제5조에서 러시아는 랴오둥 반도의 조차권을 일본에 양도할 것을, 제6조에서는 청국의 승인을 전제로 창춘長春·뤼순 간 철도를 일본에 양도할 것을 규정했습니다. 이들 조항은 훗날 남만주철도, 즉 만철滿鐵이 됩니다. 제9조에서는 북위 50도 이남의 사할

11 1849~1915. 정치가. 초대 수상 역임.

린 이른바 남쪽 가라후토南樺太 섬을 러시아가 일본에 양도할 것을 규정했습니다. 포츠머스 조약의 주요항목은 이것이 전부였고 배상금 항목은 아예 없었습니다.

고무라 주타로가 외교 수완을 발휘해서 얻어낸 것이 겨우 이것뿐이었습니다. 때문에 러일전쟁 당시 일본의 실력이 국제적·객관적으로는 여전히 이 정도에 불과했음을 대변하는 것이었습니다. 사실 이 점은 일본정부도 익히 알고 있었습니다. 앞서 언급한 것처럼 사전에 정했던 강화조건에서도 배상금은 '절대적 필요조건'이 아니라 '비교적 필요조건' 중 하나였습니다.

일본 입장에서 첫 번째 '절대적 필요조건'은 '한국을 완전히 일본의 자유 처분에 맡기는 것을 러시아로부터 약속받는 것'이었고, 두 번째는 '러시아 군대를 만주로부터 철수시키는 것', 세 번째는 '랴오둥 반도 조차권과 하얼빈-뤼순 사이의 철도를 러시아가 일본에게 양도하게 하는 것'이었습니다.

이 가운데 세 번째 항목인 하얼빈-뤼순 사이의 철도를 창춘-뤼순 사이로 양보했습니다. 이는 본래 '비교적 필요조건'이었던 가라후토 섬 할양도 남쪽 지역 절반만 받기로 했기 때문에 양보한 것인데다 부가 조건 등도 단념했습니다. 이렇게 해서라도 강화조약을 성립시켜야 한다는 것이 정부의 판단이었던 것입니다.

'히비야' 폭동사건

그런데 전쟁 중에는 "이겼다, 이겼다"는 정부의 선전을 그대로 믿고 있던 민중들은 배상금도 없고 얻은 영토도 남쪽 가라후토 섬뿐인 포츠머스 조약 내용에 분개해 도쿄 시내를 비롯한 각지에서 반대 집회를 열거나 파출소·경찰서를 습격하거나 불지릅니다. 정부는 이 사건을 대수롭지 않은 규모로 보이려고 '히비야' 폭동사건이라 이름 붙였습니다.

하지만 [소동의 범위가 히비야 특정 지역에 국한된 것이 아니라] 도쿄 시 전 지역에 걸쳐 파출소가 불탔고, 또한 이 움직임은 고베·요코하마 등 각지로 번져나갔습니다. 정부는 그제야 계엄령을 내렸습니다. 전전戰前 일본에서 계엄령이 발령된 것은 총 세 번이었는데, 히비야 폭동사건과 간토 대지진[12], 2·26[13]사건 때였습니다.

이 책에서는 전쟁의 이름 문제를 자주 거론했습니다만, 이 사건 역시 '도쿄 시내' 폭동사건 또는 '제국도시 소요'사건으로 부르는 편이 사태의 의미를 더 정확하게 전달해줄 것으로 보입니다.

그리고 시바 료타로는 이 '히비야' 폭동사건을 기점으로 일본

---

12 1923년 9월 1일 일본 간토(関東)·시즈오카(静岡)·야마나시(山梨) 지방에서 일어난 대지진. 리히터 규모 7.9에서 8.4 사이로 추정되며 4~10분 정도 지속된 것으로 추정.
13 1936년 2월 26일 일본육군의 군국주의 성향의 청년장교들이 일으킨 반란사건임.

이 하향길로 접어들었다고 설명했지만, 사실은 이와는 정반대로 이때부터 민중이 정치에 참여하는 다이쇼 데모크라시로 움직여 가기 시작했다고 보는 견해도 있습니다. 덧붙이자면 역사연구자들은 시바의 견해보다 후자의 견해를 더 많이 지지합니다.

러일전쟁 후 경제·사회

러일전쟁 이후 일본경제와 사회에 대해 아주 간략하게 정리해 보겠습니다. 이 시기 일본의 주력 산업은 여전히 경공업 그중에서도 섬유산업이었습니다. 그런데 이 무렵은 기계화가 상당히 진척되어 방적회사가 면포도 짤 수 있는 이른바 '겸영兼營 방직'이 성행해 면직물 수출이 증가하고 수출액이 수입액을 웃돌게 되었습니다.

또한 중공업에서도 군 직속 공장이던 육군공창과 해군공창이 중심이었는데 이 무렵에는 미쓰이 조선소, 가와사키 조선소 등의 민간 회사도 엔진 등의 부품을 자력으로 만들 수 있는 레벨이었으며, 종합 기계공업이라는 형태로 발전을 이룩하고 있었습니다. 관영기업인 야하타 제철소 제1차 확장계획도 1906년에 시작되었습니다.

이처럼 러일전쟁 무렵에는 경공업과 중공업 모두 자체 생산능력이 일정 수준에 도달한 상태였습니다. 흔히 이 시기에 일본의 산업혁명이 대체로 완성되었다고 평가합니다.

그리고 일본경제가 한층 더 빨리 자본주의화되어갑니다. 러일전쟁 후인 1907년 1월에 발생한 전후공황은 각 산업에 영향을 미칩니다. 이 공황은 '전반적 과잉생산 공황'이라고도 불리는데, 물건이 팔리지 않자 여러 회사가 연이어 도산하고 실업자도 늘어나는 사태에 빠집니다. 이 시기에는 관영·민영기업 모두 대규모 노동쟁의가 발생합니다. 그중 유명한 쟁의가 1907년 2월 아시오 동산足尾銅山 폭동사건[14]으로, 군軍이 출동해 약 600명이 검거되었습니다.

전후경영

한편 러일전쟁 후 일본정부의 목적은 포츠머스 조약에 의해 손에 넣은 남쪽 가라후토 섬과 랴오둥 반도에 대한 이권을 접수해 본격적으로 식민지를 경영하려는 것이었습니다. 그다음으로 중시한 것은 러시아로부터 양도받은 창춘–뤼순 사이의 남만주철도

---

14 1907년 2월 4일에서 2월 7일까지 아시오 동산 광부들이 광산설비 등을 파괴, 방화한 사건.

였습니다. 그런데 사실은 이 남만주철도를 둘러싸고 미국과 결정적으로 사이가 나빠지게 됩니다.

아직 남만주철도를 독자적으로 경영할 만한 국력이 없던 일본은 포츠머스 조약 체결 직후 미국의 실업가인 해리먼^{Edward Henry Harriman}과 가쓰라 다로 수상 사이에 「만철 공동경영에 관한 각서」를 교환했습니다. 그런데 포츠머스에서 귀국한 고무라 주타로가 이를 맹렬히 반대하자 일본은 일방적으로 약속을 깨고 맙니다.

미국과 공동으로 경영할 가능성이 사라져버리자 일본은 독자적으로 남만주철도 주식회사를 설립합니다. 이 행동으로 그전까지 비교적 양호했던 미국과 다소 긴장관계로 바뀌면서 일본은 만철 경영자본을 영국에 부탁하게 됩니다.

외교 측면에 주목해보면, 1905년 8월에 일본은 영국과 '제2차 영일동맹'에 조인해, 일본의 조선지배와 영국의 인도 지배를 서로가 용인하는 공수^{攻守}동맹을 맺습니다. 1907년 6월에는 프랑스와 '불일^{佛日}협약'을 맺었습니다. 그 결과 프랑스는 일본이 만주·몽골·푸젠 지역에서 특수 이권을 가지는 것을 인정해주고, 일본은 프랑스의 광둥^{廣東}·광시^{廣西}·윈난^{雲南}에서 특수 이권을 얻는 것과 인도차이나 지배를 인정합니다. 그리고 전투 상대국이던 러시아와도 같은 해 7월에 '제1차 러일협약'을 맺습니다.

이것은 남만주를 일본의 세력권으로, 북만주를 러시아의 세력권으로 삼는 것, 이 밖에 일본의 조선 지배와 러시아의 외몽골 지배를 상호 용인하는 것까지 포함하는 내용이었습니다. 일본 입장에서는 전후경영 문제로 힘겨운 시기였던 만큼 러시아와 다시 충돌하는 것은 어떻게든 피하고 싶었습니다. 또한 러시아 입장에서는 독일에 대항하기 위해서 이전부터 우호국이던 프랑스 외에 영국과도 협조해야 했기 때문에 맺을 수 있는 협약이었습니다. 즉 러일전쟁의 결과, 러일협약을 맺게 된 것입니다. 이렇게 유럽에서 영국·프랑스·러시아 3국협상체제가 탄생한 것이며, 동시에 동일한 형태의 아시아판^{영국·일본·러시아}도 탄생한 것이었습니다.

일본 국내로 다시 화제를 돌리면, 군사 측면에서는 1907년 2월에 '제국국방방침'이 정해집니다. 이 방침에서는 첫 번째 가상의 적국이 러시아, 그다음은 미국, 프랑스순으로 설정되어 있습니다. 육군 병력은 평시에 25개 사단, 전시에 50개 사단, 해군은 전함 8척, 순양巡洋전함 8척'8·8함대'의 대규모 군대를 배치시킬 계획도 포함되어 진행되고 있었습니다.

3

·

러일전쟁 전후의 언론

개전론 고양

앞서 청일전쟁에 의해 사람들의 마음속에 처음으로 '일본인'이
라는 의식이 생겨났고, 전쟁에서 이기면서 일본인 사이에 그전까
지 존경의 대상이던 청나라가 이후에는 업신여기는 대상으로 바
뀌어간 것을 언급했습니다. 그러면 러일전쟁 때에는 국민의식이
어떻게 바뀌었을까요?

어떤 전쟁이든 그렇습니다만, 러일전쟁 때도 청일전쟁 때와 마
찬가지로 정부와 매스미디어는 일본의 승리를 선전했고 국민들

도 이에 열광했습니다. 개전 전부터 러시아와 싸우라고 절규하는 목소리가 커졌고 신문도 이를 부추겼습니다. 대외강경론을 외치는 국민동맹회는 1900년 가을부터 이듬해 봄까지 러시아에 대해 강경책을 펼치도록 정부에 압력을 가했습니다.

1903년 6월에 도쿄제국대학 박사 일곱 명은 가쓰라 다로 수상의 연약한 외교정책을 공격했습니다. 그러면서 '최후의 결심'이라는 각오로 러시아군대를 만주에서 철수하도록 강하게 요구해야 한다는 내용의 건의서를 연명連名으로 제출했습니다. 이 주전론主戰論·개전론開戰論은 큰 반향을 불러 일으켰습니다. 이 '7인의 박사 건백 사건'과 거의 같은 시기인 8월에 대러對露동지회도 대회를 열어 러시아군대를 만주에서 철병시킬 것을 주장했습니다. 그러면서 정부에 개전할 각오로 강경한 대러외교를 펼치도록 목청 높여 요구했습니다.

이러한 양상은 마치 청일전쟁 당시의 '대외경對外硬: 대외강경파'으로 불리던 운동[15]과 상당히 유사합니다. 전쟁에 돌입하자 전투의 각 국면에서 '승리'할 때마다 만세 탄성이 울려 퍼집니다. 하지만 청일전쟁 때와 가장 큰 차이는 반전론反戰論·비전론非戰論이 전쟁이 시작되기 전부터 등장했다는 것입니다.

---

[15] 청일전쟁 당시 '대외경'으로 불리던 일파가 이토 히로부미 내각의 '연약한 외교'를 비판했던 것을 말함.

「요로즈초호」와 고토쿠 슈스이

그중에서도 비전론을 대표하는 논객은 사회주의자 고토쿠 슈스이幸德秋水[16]였습니다. 1871년에 고치高知에서 태어난 고토쿠는 러일전쟁 전에는 구로이와 루이코黑岩淚香[17]가 창간한 신문 「요로즈초호萬朝報」의 날카로운 논객으로 '비전론'을 외치며, 동료인 사카이 도시히코堺利彦[18] 등과 함께 예리한 논평을 펼치던 사람 중의 한 명이었습니다.

그러나 「요로즈초호」의 발행 부수가 줄어들기 시작하면서 이 상태로는 대중의 지지를 얻을 수 없다고 판단한 구로이와는 전쟁을 긍정하는 '주전론主戰論'으로 논조를 바꾸기로 방향을 정합니다. 고토쿠나 사카이는 요로즈초호 신문사를 퇴사하고, 1903년 11월에 헤이민샤平民社를 결성해 『헤이민 신문』을 발행합니다. 러일전쟁 개시 직전인 1904년 1월 17일 『헤이민 신문』 제10호에서 고토쿠는 「우리는 철저하게 전쟁을 인정하지 않는다」는 제목으로 논설을 발표합니다.

우리는 철저하게 전쟁을 인정하지 않는다. 이는 도덕적 견지에서 보면 섬뜩한 죄악이며, 정치적 견지에서 본다면 두려워해야 할 해독

---

16 1871~1911. 저널리스트, 사회주의자, 무정부주의자. 본명은 고토쿠 덴지로(幸德傳次郎). 대역(大逆) 사건으로 처형됨.
17 1862~1920. 사상가, 작가, 번역가, 저널리스트.
18 1871~1933. 사회주의자, 사상가, 저술가.

이고, 경제적 견지에서 본다면 무서운 손실이다. 사회 정의는 이 때문에 파괴되고 만민의 이익과 행복은 이것 때문에 유린되었다(『近代日本思想大系 13 幸德秋水』, 筑摩書房, 1975, 184쪽).

이어서 개전 후인 1904년 3월 13일에는 「러시아 사회당에게 전하는 글」을 발표합니다.

제군諸君들이여, 지금 러·일 양국 정부는 각각 제국주의 욕망을 달성하기 위해 무작정 전투의 불구덩이 속으로 병사를 보내고 있다. 그러나 사회주의자에게는 인종 구별도 지역 구별도 국적 구별도 없다. 제군과 우리는 동지이며 형제요 자매다. 결코 싸워야 할 이유가 없는 것이다. 제군들의 적은 일본인이 아니며 실로 작금의 이른바 애국주의나 군국주의인 것이다. 우리의 적은 러시아인이 아니며 실로 작금의 이른바 애국주의나 군국주의다. 이 애국주의나 군국주의라는 것은 제군과 우리의 공통의 적이요, 세계만국사회주의자들의 공통의 적이다. 제군과 우리와 전 세계 사회주의자들은 이 공통의 적을 향해 용맹무쌍하게 맞서 싸워야 할 것이다……(제18호 사설, 『平民新聞論説集』, 岩波文庫, 1961, 22쪽).

"오호라, 러시아에 있는 우리 동지들이여, 형제자매여"라는 글귀로 시작하는 이 사설에서 고토쿠는 러시아 인민에게 당신들의 적은 일본인이 아니라 애국주의와 군국주의이며, 제군들과 일본인과 전 세계 사회주의자들은 이 공통의 적과 맞서 싸워야 할 것을 강력하게 호소했습니다.

그리고 의회에서 증세안增稅案이 승인되었을 때는「오호라, 증세여!」라는 논설에서 정부를 강하게 비판했습니다.

오호라, 6,000만 엔의 증세라, 가중되는 증세여, 이는 실로 '전쟁을 위해' 취해진 조치일 것이다. 그러나 아무리 전쟁을 위한다고 한들 재물이 하늘에서 저절로 떨어지는 법은 없고 땅에서 솟아날 것도 아니니 이것을 부담하는 국민의 고통은 여전히 변함이 없다. ……보라, 장수將帥는 끊임없이 전적戰績을 올리지만 국민을 위해서는 쌀 한 톨도 늘지 않는다. 무력 위세는 사방에 떨쳐진다지만 국민을 위해서는 한 벌의 옷도 얻지 못한다.

다수의 동포는 적의 공격에 노출되고 그들의 남은 가족은 기아에 허덕이며 상공업은 침체되고 물가는 등귀해 노동자는 직업을 잃고 하급 관리들은 봉급이 삭감된다.

하지만 군사 공채軍債 모집에 강제로 내몰리며 저축 헌납을 재촉당하며 극히 많은 액수가 가혹한 세금이 되어 일반 시민의 피를 말리고 뼈를 깎게 하지 않는가(제20호 사설, 1904년 3월 27일, 앞의 책, 26쪽).

고토쿠의 눈에 비친 현실은 이러했습니다. 세금이 증가해도 부유함은 하늘에서 떨어지지도 땅에서 솟아나지도 않으며 이것을 부담하는 국민의 고통은 그대로이며 쌀 한 톨도 늘어나지 않는다. 입을 옷도 없고 병사들은 전장에 내몰리고, 그 유족은 기근에 허덕이며, 상업·공업은 쇠퇴하고 물가는 치솟고, 노동자는 일거리를 잃고, 하급 관리는 임금이 삭감되며, 군사 공채 모집을 강요당하며 저축을 재촉받고 많은 액수의 세금이 일반시민의 피를 말리고 뼈를 깎는…….

'전쟁을 위해서'라고 외치지만 이것이 국민들에게는 얼마나 크나큰 고통을 안겨주는 꼴이 되는지를 리듬감 있는 문장으로 아주 날카로운 시선으로 비판적으로 표현했습니다.

고토쿠는 요로즈초호 신문사에서 활동하던 1901년에 『20세기 괴물 제국주의』라는 제국주의론도 집필했습니다. 레닌의 유명한 『제국주의론』[1917]이 출간되기 전인 1916년에 쓴 것이었는데, 이 책에서 고토쿠는 제국주의라는 것은 애국심을 날실로 군국주의를 씨실로 삼아 성립된 것이라고 멋지게 갈파했습니다.

우치무라 간조·요사노 아키코

고토쿠의 친구이기도 했던 우치무라 간조 역시 러일전쟁 당시 대표적인 비전론자였습니다. 「요로즈초호」의 필자이기도 했던 우치무라는 1903년 6월 30일에 「전쟁폐지론」을 발표합니다.

나는 러일전쟁에 대해서만 개전을 반대하는 입장이 아니다. 나는 모든 전쟁이 절대적으로 폐지되어야 한다고 주장한다. 전쟁은 사람을 죽이는 것이며 이렇게 사람을 죽인다는 것은 대죄악이다. 이렇게 대죄악을 범한다면 개인도 국가도 영원히 이익을 거두지 못하게 될 것이다. ……물론 무단정치가 횡행하는 작금의 일본 상황에서 전쟁 폐지론이 바로 실현되리라고는 나도 기대하지 않는다. 하지만 전쟁 폐지론은 지금 문명국 식자識者들의 여론이 되고 있다. 전쟁폐지론을 외치지 않는 나라는 미개국이요 야만국인 것이다. 나 비록 힘없는 한 사람이나 작금의 상황에서 나 한 사람이라도 목소리를 높여 대자선 주의大慈善主義 실현을 위해 더 많은 찬성자를 얻기 바란다. 세상의 정의와 인간의 도리, 국가를 사랑하는 자여, 이곳에 와 대담하게 대자선주의에 찬성하시오(『內村鑑三選集』 제2권, 岩波書店, 1990, 50~51쪽).

러일전쟁 당시 러시아를 공격하라고 정부를 들쑤시는 논객이 많았는데, 이러한 분위기 속에서 고토쿠나 우치무라 등의 사회주의자 또는 기독교인은 인도적인 입장에서 비전론을 전개했습니다.

그리고 여성들도 반전反戰 목소리를 높이기 시작합니다. 그중에서 유명한 사례가 요사노 아키코与謝野晶子[19]가 잡지『묘조明星』1904년 9월호에 발표한「뤼순 공격부대攻圍軍에 있는 동생 소시치宗七를 탄식하며」라는 부제가 달린「아우야, 죽지 말아라君死にたまふことなかれ」라는 반전시反戰詩를 꼽을 수 있습니다. 이 시는 "아, 동생이여, 너 때문에 우는구나. 죽지 말기를"이라는 구절로 시작해서……"부모님이 네게 손에 칼을 쥐고 타인을 죽이라고 가르치더냐? 타인을 죽이고 자신도 죽으라고 너를 24세까지 키웠겠느냐?" "뤼순 성城이 함락되든 말든 무슨 상관이겠는가"……"천황폐하 자신은 전쟁에 출격하지 않는데 말이오"…….

다그치는 듯한 문투로 이어지는 8행씩 총 5단락의 이 시에 대해 평론가 오마치 게이게쓰大町桂月[20]는 잡지『다이요太陽』10월호의「난신乱臣이요 적자賊子다」라고 격렬하게 비판했습니다.

이에 대해 요사노 아키코는『묘조』11월호의「시작하는 말ひらきぶみ」에서 "지금처럼 죽기를 권하는 것, 또한 무슨 일에나 충군애국忠君愛國이라는 문자를 끌어다 붙이며 교육칙어 등을 인용해서

19 1878~1942. 시인, 작가, 사상가.
20 1869~1925. 시인, 수필가, 평론가.

논하는 것이 유행하는 양상이 도리어 위험한 것"이라며 격앙된
논조로 응수했습니다.

톨스토이의 러일전쟁론

『전쟁과 평화』의 저자로 유명한 러시아 문호 톨스토이는 1904년
6월 27일에 「런던 타임스」에 장대한 러일전쟁론을 발표했습니
다. 「헤이민 신문」 제39호에는 그 번역문이 실렸고, 제40호에 사
설 「톨스토이 옹翁의 비전론을 평함」을 게재했습니다. 같은 해 9월
12일에 두 기고문을 합쳐 만든 소책자 『헤이민샤 번역 톨스토이
의 러일전쟁론』을 출판했습니다. 당시 77세의 톨스토이의 주장을
앞부분만 소개해보겠습니다.

또다시 전쟁이 일어나 모두에게 무용무익한 질고疾苦의 시간이 재

현되고 있다. ……인류의 어리석음과 잔인함이 여기서 재현되고 있

다. 보라, 수천 리 떨어진 곳에 사는 인류의 수십만 명일부는 살생을 금하는 불

교신도이며, 일부는 사해형제를 사랑할 것을 공언하는 기독교신도은 지금 지극히 극악무도한

방법으로 서로를 잔혹하게 살해하고자 바다와 육지를 가리지 않고

야수와 같이 계속 추격하고 있다. 아아, 이 무슨 일인가. 이것이 꿈인가 생시인가. ……[무릇] 인간은 꿈을 [현실처럼] 믿고 꿈에서 빨리 깨어나지 않기를 바라는 법이거늘, 허나 이것은 꿈이 아닌 두려워해야 할 사실이로구나!

톨스토이는 총 12장, 번역문 분량으로 58쪽에 걸쳐 큰 논의를 전개합니다. 아쉽게도 지면의 제약상 그 논지를 전부 소개할 수 없습니다만, 고토쿠가 쓴 「헤이민 신문」 제40호 사설 「톨스토이의 비전론을 평함」의 평가 부분만이라도 소개해보겠습니다. "이 경건하고 유창한 문장은 숭고하고 웅대한 생각을 하게 만드는데 이는 마치 한 마디 한 마디가 폐부로부터 나와 구구절절 모두의 심혈을 찌르며 만물을 비추는 빛과 같고 꽃과도 같도다. 듣는 이의 마음을 동하게 하는 이 문장은 거의 고대 성현聖賢 혹은 예언자의 소리를 듣고 있는 것 같은 생각마저 들게 한다" "러시아의 1억 3,000만, 일본의 4,500만 사람에게 그 누구도 말하지 못했던 부분을 직언했고, 말로 표현하기 어려운 부분을 활자화했고, 일말의 거리낌도 없이 진술했다"며 고토쿠는 찬사를 아끼지 않았습니다.

이에 덧붙여 톨스토이는 전쟁의 원인을 종교나 개인의 타락에 있다고 봤습니다. 하지만 헤이민샤의 입장은 전쟁의 요인을 경제적 경쟁으로 파악하고 있었기 때문에 경제적 경쟁을 중지하는 것이 전쟁을 막을 수 있는 길이라는 의견도 추가했습니다.

포츠머스 조약 비판

포츠머스 조약의 내용에 불만을 가졌던 민중들이 '히비야' 폭동사건을 일으켰던 점은 앞에서 말씀드렸습니다. 수석 전권이었던 고무라 주타로에 대해서도 여론의 비난이 빗발칩니다. 소설가 요시무라 아키라吉村昭는 쓴 『포츠머스의 깃발 — 외무대신外相 고무라 주타로』라는 저서에서 고무라의 관점에서 본 포츠머스 회의나 소요사건에 대해 언급했습니다. 여기에 그 일부분을 소개하고자 합니다.

회의 참석차 출발할 당시 고무라는 민중의 큰 환호 속에 배웅을 받았습니다. 하지만 귀국 때는 정반대 상황이 될 거라고 출발 당시 고무라는 주변 사람에게 말했다고 합니다. 그의 예상대로 8월 말에는 강화문제동지연합회가 정부를 공격하며 조약을 파기시키는 방향으로 방침을 정해 전국 각지에서 집회를 열었습니다. 뒤이어 9월 5일에는 히비야 공원에서 국민대회가 열리는데 이것이 '히비야' 폭동사건이 됩니다(『포츠머스의 깃발』, 301~314쪽).

강화회의 후 고무라는 요양차 뉴욕에 머무르고 있었는데, 미국 신문은 이 사건을 '폭동' '내란' 등으로 보도했습니다. 한편 일본 신문들은 ['히비야' 폭동사건에 대한 언급보다 정부의 외교 대응력을 집중적으로 비난했습니다. 즉] 러시아에 대한 '굴욕'적이고 '연약한 외교'라 공격했고, '어찌할 방도가 없는 비탄'에 빠진 국민이 잠자코 있지 않을 것이라며 포츠머스 조약을 비판하는 논조는 나날이 격앙되었습니다.

고무라가 귀국하는 때를 노려 습격당할 수도 있다는 예측이 대두되자 10월 16일 그가 도쿄로 돌아올 때는 군대와 경찰의 엄중한 경비를 받으며 신바시新橋 정류장에 내렸습니다. 이때 마중 나갔던 가쓰라 수상과 야마모토 곤베山本權兵衛[21] 해군대신이 고무라의 양옆에 서서 그의 팔을 잡고 플랫폼 출구로 향했다고 합니다. 고무라에게 폭탄이나 총탄이 날아올 경우 같이 죽을 각오였다고 합니다. 강화조건을 완화시킨 것은 정부가 국력의 한계를 의식해서 내린 결정이었습니다. 그런데 이러한 내부 사정을 모르는 국민들은 분노가 격앙된 나머지 고무라와 그 가족의 생명을 위협하는 수준까지 치솟았던 것입니다(앞의 책, 328쪽).

이처럼 전쟁 중에는 "이겼다. 이겼다"는 승전보만 들어온 민중

---

21 1852~1933. 해군 군인. 정치가. 해군대신(제11대·제12대·제13대), 내각총리대신(제16대·제22대), 외무대신(제37대) 역임.

들은 배상금 40억 엔과 가라후토 섬뿐만 아니라 옌하이저우^{沿海州:} ^{시베리아 동남단}도 차지할 수 있다고 여기는 등 강화조약에 과대한 기대를 걸고 있었습니다. 민중들은 러일전쟁의 실태가 '상처 투성이의 무승부' 성격의 전쟁이었음을 전쟁이 끝난 후에도 알지 못했습니다. 오히려 민중들은 청일전쟁에서도 이기고 러일전쟁에서도 이긴 일본을 불패국^{不敗國}이라고 계속해서 믿게 됩니다.

도쿠토미 로카의 예언

한편 러일전쟁에 관한 당시 평론 중에서 제가 개인적으로 특출나다고 여기는 글은 도쿠토미 로카^{德富蘆花22}의 문장입니다.

앞서 말씀드렸지만, 형인 도쿠토미 소호는 3국간섭 이후에 국가주의자로 전향했습니다. 동생인 로카도 처음에는 소호가 설립한 출판사인 민유샤^{民友社}에서 일했습니다. 그러다 1900년에 나미코^{浪子}와 다케오^{武男}의 로맨스를 그린 소설 『두견새^{不如歸}』가 베스트셀러가 되고 『자연과 인생』 등 에세이로 유명세를 타기 시작합니다. 때마침 이 무렵 형과는 결별합니다. 한편 도쿠토미 로카는 톨스토이를 매우 존경했는데 1906년 6월 말에는 톨스토이를 만나

---

22 1868~1927. 본명은 도쿠토미 겐지로(德富健次郎). 소설가.

기 위해 러시아를 방문합니다.

이런 도쿠토미 로카는 러일전쟁 종료 후인 1906년 12월에 「승리의 비애」라는 글을 발표합니다. 다소 길지만 아래에 인용해보겠습니다.

러일전쟁이 끝난 이 시점에 우리 중 일부는 일종의 비애, 번뇌, 불만, 실망을 느끼고 있다. 우리는 자백해야 할 것이다. 우리는 북방의 거인을 무서워하며, 그들을 미워한다. 랴오둥 반도 반환 이후 우리는 그들을 불구대천의 원수처럼 여기고 있다. 기회만 있다면 단칼에 베어버리고자 이를 악문 사람처럼. ……싸움은 시작되고…… 승리, 승리, 대승리, 그리고 이후 강화조약 담판…… 그 강화조약에 대한 소동을 보고 단순히 실업자들의 반란으로 치부하거나 연이은 소란이라고만 여기는 것은 너무나 경박한 판단이다.

일본은 [러시아를 몹시] 원망하여 과도하게 강한 척하고 있다. 하지만 그 원한怨恨이라는 것도 훗날 풀리고 나면 아무것도 아닌 것처럼 느껴질 것이다. 일본은 승리, 승리를 외치는 승전보에 취해 있다. 하지만 그 승리도 사실은 러시아를 무릎 꿇린 것이 아니다. 오히려 우리는 있는 힘을 거의 다 소진해버렸는데, 그들은 이제부터 본격적인 힘을 발휘하려 하는 움직임이 있을 경우, 우리가 믿었던 승리가 생각보다 덧없고 불확실한 것이 되어버린다. 전쟁의 결과는 기분 좋게 분명히 나눌 수 있는 것이 아니다.

　……아, 일본이여, 그대 어른이 되었건만 과연 성장할 수 있겠는 가. ……그대의 독립이 만약 10여 개 사단의 육군과 수십만 톤의 해군과 모某 동맹으로 유지되고 있는 것이라면 그대의 독립은 실로 가여운 독립이로다. 그대의 부유함이 만약 수천만 엔의 생사生絲와 차茶, 푸순撫順: 랴오닝 성의 석탄과 타이완의 장뇌樟腦[23]와 설탕에 기반한 것이라면 그대의 부유함은 실은 빈곤한 것이다. 그대가 얻은 이른바 전승戰勝 결과란 것은 그대가 어떤 위치에 놓여 있는가를 각오하지 않으면 안 되는 것이다.

　한편에서는 백인의 질투, 시기와 의심, 적어도 불안한 마음이 검은 구름과 같이 그대의 눈에 드리울 것이며, 실제로 조금씩 현실화되고 있지 않은가. 또 한편에서 다른 유색 인종들은 그대가 개선 나팔 소리에 마치 감전된 사람이 놀라는 모양새처럼 머리를 쳐들고 오지 않겠는가. 이 양자의 틈바구니에서 그대는 무엇을 하려 하고, 무엇을 하지 않고자 하는가. 한 발 잘못 디디면 그대가 거둔 전승은 망국으로 가는 시작이 되며, 세계 미증유의 인종적 대전란의 원흉이 될 것이다(『黑潮』 제1호, 1906년 12월, 『明治文学全集 42 德富蘆花集』, 筑摩書房, 1966, 366~367쪽).

---

23 셀룰로이드나 무연화학의 제조 원료로, 향료나 방충제, 의약품 등에 쓰임.

"러일전쟁은 끝났지만 여전히 많은 사람이 비애하고 번뇌하며 불만과 실망감을 안고 있다. 그런데 우리 일본인은 러시아를 두려워하면서 '불구대천'의 적으로 여기며 원망하고 그 싸움에서 이겨 강화조약을 체결했다. 하지만 여전히 일본인은 일종의 허무함과 같은 감정에 휩싸여 있다"고 로카는 냉정하게 관찰했습니다.

일본인은 이때까지 러시아에 대한 미움으로 버텨왔지만 전쟁에서 승리해보니 사실은 러시아가 너무 쉬운 상대였던 것입니다. 게다가 그 승리라는 것이 생각보다 허무하고 불확실한 것이라는 점을 이어서 지적하고 있습니다.

일본의 독립이 육군과 해군, 그리고 '모某 동맹', 즉 영일동맹으로 유지된 것이라면 실로 애달픈 것이며, 일본의 부유함이 생사와 차, 중국의 석탄, 타이완의 장뇌와 설탕에 유래하는 것이라면 실제로는 가난한 것이다. ……로카는 일본의 국력, 경제력, 식민지 경영의 실태에 대해서도 정확하게 간파하고 있었습니다.

이어서 로카는 승리한 결과, 일본이 앞으로 어떤 입장에 놓일지에 대한 각오가 필요하다고 경고합니다. 이번 승리는 자칫 잘못하면 망국의 시작, 즉 전 세계적으로 전대미문의 인종적 대반란의 시작이 될 수도 있다며 이후 일본의 방향에 대해 예언하고 있습니다.

그 후의 역사를 알고 있는 현대인인 우리의 입장에서 봐도 로카의 역사를 바라보는 눈썰미는 놀랍다고 하겠습니다. 러일전쟁에 대한 총괄로는 당시 가장 과격한 내용이었을 테지만 매우 정확하게 핵심을 짚은 내용이었다고 생각됩니다.

러일전쟁은 필요한 전쟁이었나?

러일전쟁은 일본 입장에서 정말 불가피한 전쟁이었을까요? 여기서 잠시나마 이 문제를 짚어보고자 합니다. 이 부분은 아주 중요한 문제로 최근 공개된 러시아 비밀문서나 러시아 연구자들의 연구·업무, 일본 국내의 연구 등을 종합한 와다 하루키和田春樹가 공들여 집필한『러일전쟁-기원과 개전』을 읽어보면 러시아 측은 당초 일본과 싸울 의사는 없었고 오히려 일본 측이 하지 않으면 안 된다고 착각한 데서 시작된 전쟁이었다고 보는 편이 사실에 가까운 것 같습니다.

지금까지 여러 번 언급한 것처럼 일본이 러시아 측과 전쟁을 벌인 직접적인 목적은 한반도에 대한 지배권 문제를 둘러싼 것이었습니다. 그런데 여기에 덧붙는 또 하나의 요소는 당시 일본인에게 뿌리 깊게 자리하고 있었던 러시아를 무서워하는 병, 이른바 '러시아 공포심恐露病'과 관련이 있다고 생각됩니다. 청일전쟁 후 3국간섭 이래 일본인 속에는 러시아가 계속 공격해오면 언젠가는 러시아가 한반도까지 점령할지도 모른다는 두려움이 자리 잡고 있었습니다.

실제로 일본이 3국간섭에서 넘겨준 랴오둥 반도의 뤼순에 러시아군이 주둔하고 있었고, 의화단전쟁 후에도 만주에 주둔했으며, 게다가 군대를 철수시킬 생각이 전혀 없었습니다. 그래서 러시아가 언젠가는 틀림없이 조선을 손에 넣을 것이라며 두려워했던 것입니다.

그러나 이러한 심리 요소만으로 전쟁 개시가 결정되지는 않습니다. 당시 일본은 매우 확실한 첩보활동을 펼쳐 러시아 측의 정보를 파악한 상태에서 전쟁을 결단했던 것입니다. 적어도 일본 입장에서는 피할 수 없는 전쟁으로 인식했던 것입니다.

그러면 러시아 측의 생각은 어떠했을까요? 황제 니콜라이 2세나 재무대신藏相 비테 등은 처음에는 전쟁에 반대하는 입장이었다고 알려져 있습니다. 그러나 원래 군인 출신인 황제 측근의 주전파主戰派 베조브라조프Aleksandr Mikhailovich Bezobrazov[24] 등이 실권을 장악한

24 1855~1931. 실업가, 정치가.

후로는 일본과의 교섭에서 러시아 측이 강경하게 주장하기 시작했고, 황제 니콜라이 2세 역시 이러한 흐름에 점점 끌려가게 되었다고 일컬어지고 있습니다. 러시아 내부의 이러한 변화 역시 러일전쟁이 벌어진 요인이 되었다고 볼 수 있을 것입니다.

그리고 영일동맹도 러일전쟁을 생각할 때 중요한 요소 가운데 하나입니다. 당시 대영제국은 지구 전체를 어떻게 지배하고 안정시킬 것인가를 항상 염두에 두던 나라였으며, 아시아 지역의 러시아, 프랑스, 독일에 대한 대항세력으로 일본을 이용할 수 있으리라고 판단하고 있었던 점은 앞서 말씀드린 것과 같습니다.

사실은 영일동맹이 체결되기 전 일본 내에서도 러시아와 동맹을 맺어야 한다는 의견이 있었습니다. 제4차 이토 히로부미 내각 시절인 1900년에 러일협상 교섭을 추진했으나 결국 결렬되면서 이후 일본은 영국과 동맹을 맺는 쪽으로 방향을 돌립니다. 이때 만약 러일협상이 성립된 상태였다면 당연히 영일동맹은 맺어지지 않았겠지요? 그렇다면 러일전쟁은 일어나지 않았을지도 모릅니다.

4

·

『언덕 위의 구름』이라는 작품

『언덕 위의 구름』의 마지막 절

이 절에서는 러일전쟁을 대상으로 작품화한 시바 료타로의 대작 『언덕 위의 구름』에 대해 다시금 생각해보려고 합니다.

『언덕 위의 구름』에서 시바는 동해해전을 아주 상세하게 묘사한 다음 포츠머스 조약이나 한국병합에 이르는 과정에 대해서는 거의 언급하지 않은 채 갑자기 아키야마 사네유키의 심리 묘사로 깊이 파고들어 어두운 인상을 남기면서 끝나버립니다.

'언덕 위의 구름'만 줄곧 쳐다보며 언덕을 다 올라간 '일본역사

상 유례없는 행복한 낙천가들의 이야기'는 동해해전이 끝남과 동시에 갑자기 막을 내려버립니다. 그 마지막 절의 제목을 '비 내리는 언덕雨の坂'으로 붙인 것이 상당히 인상적입니다.

'언덕 위의 구름'만 줄곧 쳐다보며 언덕을 다 올라가보니 마지막은 '비 내리는 언덕'이었던 것입니다. 아키야마 사네유키가 친구 마사오카 시키正岡子規[25]의 묘를 둘러본 후 발을 돌리는 그 길이 외롭고 쓸쓸한 '비 내리는 언덕'이 되어버렸다는 것이 마지막 묘사입니다.

러일전쟁에서 아키야마 사네유키는 동해해전에서 너무 참혹한 전투상황을 목격하고는 큰 충격에 빠집니다. 시바의 표현을 그대로 따오면 이렇게 묘사되어 있습니다.

부상자가 넘쳐나는 상갑판에는 사네유키가 어린 시절 어머니께 듣고 무서워했던 지옥의 광경과도 같은 모습이 펼쳐져 있었다. …… 그 광경을 봤을 때는…… 몸 전체 뼈마디가 전율할 정도로 충격적이었다. '어차피 모든 걸 포기하고 스님이 될 거야'라며 주문처럼 계속 외워 스스로를 진정시키면서 이 이상한 감정을 애써 진정시키려 하는 듯했다(文春文庫 (8), 199쪽).

25 1867~1902. 시인, 국어학 연구자. 메이지 문학을 대표하는 문학가.

시바가 쓴 「집필후기^{あとがき} 5」에도 비슷한 묘사가 등장합니다. "그^{아키야마 사네유키}는 동해해전에서 기함^{旗艦} 미카사^{三笠} 함교^{艦橋} 위에 있었는데 그가 고안한 전술에 의해 처음 30분간 맹사격을 통해 기선을 제압했을 때 적군·아군 모두 처참해진 상황을 보고 심한 충격을 받는다. 이후 그의 정신건강은 해군부대 내 사람들의 위로로 지켜졌다"고 기술되어 있습니다(같은 책, 333~334쪽).

저는 이 아키야마의 어두운 심정을 그려낸 마지막 장면에 러일전쟁에 대한 시바 료타로 견해의 단면이 잘 드러나 있다고 생각합니다. 한마디로 표현하자면 결국 '메이지 시대도 결국 어두웠다'고 요약할 수 있습니다.

러일전쟁에 대한 시바의 전체적인 평가는 다음 문장에 잘 나타나 있다고 봅니다.

요컨대 러시아는 스스로 패한 부분이 많은데, 일본의 뛰어난 계획성과 적군 측 내부 사정에 의해 아슬아슬하게 계속 이겼던 것이 러일전쟁이라고 할 것이다. 전후 일본은 이 냉혹한 상대적인 관계를 국민에게 알리려 하지 않았고 국민도 이것을 알려고 하지 않았다. 오히려 승리를 절대화하고 일본군의 신비적 강인함을 신앙화하려 했고 이런 면에서 [온 국민이] 민족적으로 치매증에 걸린 것이다(같은 책, 307쪽).

이러한 날카로운 평가는 상당히 빠른 시기인 「집필후기^{あとがき} 2」에서 이미 지적된 내용입니다.

영상화 거부

다음은 다소 다른 각도에서 이 작품에 대해 생각해보기로 하겠습니다.

시바의 작품은 대중에게 많은 사랑을 받아 다수의 작품이 드라마화되었습니다만, 『언덕 위의 구름』은 2009년부터 2011년까지 3년에 걸쳐 간헐적으로 NHK 스페셜 드라마로 방영되었습니다. 이 작품에 대해서만은 시바가 죽기 전까지 영상화를 계속 거부해왔고, 이 입장은 한번도 바뀐 적이 없다고 합니다. 영상화를 거부한 이유는 만약 영상화하게 되면 밀리터리즘, 군국주의를 선동할 위험이 있다는 점 때문이었습니다. 시바가 살아 있을 때는 자신의 입장을 이렇게 밝혔습니다.

이 작품은 가능한 한 영화나 TV와 같은 시각적인 것으로 번역되지 않기를 바라는 작품이기도 합니다. 어설프게 번역할 경우 밀리터

리즘을 부추긴다는 오해를 받을 우려가 있기 때문입니다(『「昭和」と いう国家』, NHKブックス, 1999, 48쪽).

　시바가 죽은 후 부인 후쿠다 미도리福田みどり도 이 작품을 영상 화할지 말지에 대해 고민을 많이 했겠지만 결국 드라마화됩니다.

　드라마로 방영되던 때 『문예춘추』에서 임시 증간增刊으로 『언 덕 위의 구름』총집편總集編이 출판되었고, 유명인사들이 앞다투어 「일본인의 용기」「내가 울었던 『언덕 위의 구름』명장면」등의 글 을 써 시바의 표현에 감정이입하고 이를 칭송합니다. 그리고 『주 간 아사히週刊朝日』에서도 드라마 방영에 맞춰 무크지를 발행하면 서 이러한 붐은 더욱 고조됩니다.

　NHK 드라마가 방영되고 붐을 타던 시기에 발간된 잡지에서 는 시바가 말하는 '밝은 메이지'와 '어두운 쇼와' 대비에 대해 거 의 아무런 의심 없이 얘기가 전개되고 있습니다. 하지만 제가 『언 덕 위의 구름』을 읽은 느낌으로는 시바는 결국 메이지 시대도 어 두웠다는 메시지를 마지막 장면에서 상당히 강하게 담고자 했다 는 인상을 받습니다.

　처음에는 확실히 '낙천가'들의 이야기로 시작되지만 이야기가 전개될수록, 특히 마지막 클라이맥스인 동해해전을 다룬 부분에서부터 반전되면서 급격히 어두워집니다. 이 마지막 장면에 시바가 담은 메시지를 드라마에서는 잘못 해석하고 있습니다. 소설에 표현된 슬픈 마지막 절인 '비 내리는 언덕'이 드라마에서는 정반대로 재현되면서 드라마에서는 소설의 첫 시작 장면인 언덕 위를 향해 올라가는 낙천가들을 칭찬하는 장면으로 돌아가는 것으로 막을 내립니다. 이렇듯 드라마로 표현된 세계는 소설을 읽은 느낌과는 많이 다릅니다. 그렇기 때문에 드라마화된 작품에 대한 저의 평가는 유감스럽지만 그다지 높지 않습니다.

시바 료타로의 '여담'

시바의 작품에서는 "여담이지만"이라는 문구로 시작하는 단락에서 자신의 의견이나 감상 또는 일본인의 성격이나 역사상의 특정 시대 특징에 대해 독자적인 의견을 전개하며 독자를 납득시키거나 감탄시키는 스타일이 자주 등장합니다. 시바가 구사하는 기법 가운데 하나는 "전 세계를 통해" 또는 "대개의 경우 역사상"과 같은 큰 스케일의 표현 뒤에는 이러한 일들은 "전혀 없었다"거나 "틀림없다"고 일단 단정 짓습니다. 그러고 나서 대부분 그

다음 문장에서 신중한 표현으로 바꿔 "~이지 않을지"라는 보류 표현을 넣는 패턴이 많습니다.

그러나 독자 입장에서는 동서고금 삼라만상에 해박한 지식을 가진 시바가 그렇게 말하는 만큼 틀림없을 것이라고 믿으면서 계속 읽어갑니다. 때문에 "~이지 않을지"라고 다소 어감을 낮춘 보류 표현은 지나쳐버리기 일쑤이며, 그 앞부분의 "이 시대의 일본 외에는 전혀 없었다"고 단정한 문장이 머릿속에 기억되게 마련입니다.

『언덕 위의 구름』에서도 이러한 예는 아주 많습니다. 그중 하나만 예로 들자면 뤼순 항 폐쇄 작전[26]에서 사망해 군신軍神으로 숭배받게 되는 히로세 다케오広瀬武夫[27]가 러시아 주재 무관武官이었던 당시 상황에 대해 다음과 같이 기술하고 있습니다.

그가 드나들던 사교계에서 그에게 견줄 만큼 부인들에게 인기가 많았던 일본인도 없다. 약간 과장되게 표현하자면 메이지 시대 이후 그때까지 히로세만큼 유럽 부인들에게 인기를 끈 남자는 없었을지도 모른다(文春文庫(3), 249쪽).

"그에게 견줄 만큼…… 인기가 많았던 일본인도 없다"는 문장

---

26 러일전쟁 중에 일본해군이 뤼순에 있던 러시아해군 함대를 해상봉쇄하려던 작전. 세 차례 시도되었으나 모두 실패함.
27 1868~1904. 해군 군인. 러일전쟁 중 사망.

은 최상급으로 단정 지은 표현인데, 이 표현을 먼저 쓴 뒤 마지막에 "~지도 모른다"고 덧붙이고 있습니다.

이 작품을 읽을 때에는 이러한 시바의 고단수의 트릭에도 주의를 기울일 필요가 있을 것입니다.

역사와 소설

『언덕 위의 구름』은 러일전쟁이라는 '역사'적 사건을 다룬 것입니다만 어디까지나 '소설'입니다. 여기서 역사연구자 입장에서 '역사'와 소설가 ─ 이 경우는 시바를 말하는 것이 됩니다만 ─ 입장에서 '역사'에 대한 차이에 대해서도 잠깐 언급해두겠습니다.

시바는 만년에 수필 또는 평론, 좌담·대담 등에서 '역사'라는 말을 자주 사용하며 '역사'라는 표제를 포함한 많은 책을 출판했습니다. 제가 생각하기에는 이들 서적 속에서 시바는 한편에서는 '소설'은 '역사'와는 전혀 다른 것으로 인정하면서도 다른 한편에서는 자신이 쓴 '역사소설'을 '역사' 그 자체라고 여긴 부분이 있었다고 보입니다. 적어도 『언덕 위의 구름』이라는 작품은 양자를 혼동하고 있었다고 생각됩니다.

달리 말하면 『언덕 위의 구름』은 '역사'를 소재로 하고 있으나 어디까지나 예술작품인 '소설'이며, 이것을 다룬 '역사'는 학문 영역의 역사학이 추구하는 '사실로서의 역사', 즉 '사실史實'과는 다르다는 점입니다.

제가 지금까지 공부해온 학문으로서의 역사학은 사료에 입각해서 '사실史實'을 확인하고 추구해, 서술할 때는 확증된 사실史實의 맥락 한도 내에서 멈춥니다. 반면 예술작품으로서의 소설은 역사를 재료로 하면서 사람을 감동시키는 '진실', 등장인물의 '심정'을 절묘하게 그려낼 때 진가를 발휘합니다.

『언덕 위의 구름』에 대해 시바는 다음과 같이 언급한 적이 있습니다.

이 작품은 소설인지 아닌지 실로 의심스러운 부분이 있다. 그 이유 중 하나는 사실에 얽매이는 부분이 100퍼센트에 가깝기 때문이고, 또 하나는 이 작품의 서술자 ─ 나 자신 ─ 가 소설이 아닌 주제를 택해버렸기 때문이다(「あとがき 4」, 文春文庫 (8), 314~315쪽).

이 부분을 보면 독자들 입장에서는 이 작품이 '사실史實'에 철저히 근거해 씌여진 소설로 받아들여지겠지만 역사학의 입장에서 보면 상당히 사실事實과는 다른 서술이 많이 눈에 띕니다.

　물론 제가 이렇게 언급해버리면 시바 료타로나 『언덕 위의 구름』이라는 작품 입장에서는 괜한 몰매를 맞는 격이 될 수도 있습니다. 이 책 끝부분의 참고문헌에도 썼습니다만, 『언덕 위의 구름』이 간행되고 난 뒤 상당한 세월이 지난 시점에 러일전쟁 당시의 해군상이 상세히 기록된 사료 『극비 메이지 37~38년 해전사極秘 明治三十七八年海戰史』가 딱 한 부 궁내청宮內庁에 보관되어 있었다는 사실이 밝혀졌습니다. 만약 이 사료가 『언덕 위의 구름』이 완결되기 전에 공개되었다면, 동해해전 등 문고판으로 8책 분량이나 되는 러일전쟁 관련 서술은 전혀 다르게 묘사되었을 것 같습니다.

　시바의 소설은 스케일이 방대하면서도 역사에 대한 관점이 독특하기 때문에 다른 역사소설과는 비교가 되지 않을 만큼 인기가 높아 그 영향력도 막강합니다. 따라서 독자인 우리는 소설상의 '묘사'를 실제의 역사적 '사실'로 착각하지 않도록 주의할 필요가 있습니다. 소설은 소설, 역사는 역사, 즉 소설과 역사는 다르다는 점을 재차 인식해야 할 것입니다. 당연한 언급이지만 특히 내용상 외국과 관련된 부분, 특히 일본과 한반도, 일본과 중국과 같이 현재 외교상 불편한 관계에 있는 이웃나라와 관련된 서술에 대해서는 더욱 주의를 기울여야 한다고 봅니다.

그런 부분은 걱정하지 않아도 되며 독자들도 소설과 역사상의 사실은 별개로 받아들인다고 하는 질책이 들리는 듯합니다. 하지만 역사소설에 쓰인 내용을 실제 역사상의 사실로 간주해버리는 사람도 많기 때문에 재차 강조해두고자 합니다.

이 장의 마지막 부분은 저의 '여담'이 되어버린 것 같습니다.

그럼, 다시 역사의 세계로 다시 돌아와 러일전쟁 중반부터 급속히 진행된 일본의 한국지배를 향한 움직임에 대해 계속 살펴보도록 하겠습니다.

제3장

한국병합과 21개조 요구

"한국병합을 정당화하는 견해는 지극히 일면적이다.
한국 측에서 보면 한국병합은 일본에 의해
조국을 빼앗긴 '통한의 역사'임이 분명하다."

1

러일전쟁에서 한국병합으로

한국병합과 21개조 요구

지금까지 청일·러일전쟁에 대해 살펴봤습니다만, 이 책의 의도를 고려하면 청일·러일전쟁 이후의 근대일본사에서 반드시 다뤄야 하는 사건이 두 가지 있습니다.

하나는 러일전쟁이 끝난 지 5년 후인 1910년부터 차츰 진행되던 한국병합, 또 하나는 제1차 세계대전 중이던 1915년 일본이 중국에 요구한 '21개조 요구'입니다. 이 두 가지 역사적 사실이 오늘날의 중일, 한일^{북일} 포함관계에도 상당히 크게 영향을 미치고 있습니다.

한국병합은 청일전쟁에서 획득한 타이완, 러일전쟁에서 획득한 랴오둥 반도, 남쪽 가라후토 섬에 이어 일본이 한국을 식민지로 삼고 일본의 제국주의 지배자로서의 입장이 명확해진 사건이었습니다. 그런데 이것은 조선 측에서 보면 자신들의 나라를 빼앗긴 '통한의 역사'이기도 합니다.

또한 중국에 대한 21개조 요구는 청일전쟁 이후 일본이 중국에 대한 고압적인 태도가 여실히 드러난 것이었는데 이로써 중국 내 반일 감정이 결정적으로 악화되고 중국인에게 일본에 대한 강렬한 부정적 이미지를 오래도록 심게 됩니다. '만주사변' '지나사변' '대동아전쟁'뿐만 아니라 중국인이 반일 감정을 갖게 된 기점은 바로 21개조 요구를 했던 때부터라고 할 수 있습니다.

한국은 사실상 러일전쟁 중에 합병되었다

1910년 일본이 한국을 합병했다, 이렇게 들으면 대개 일본인은 1905년에 끝난 러일전쟁부터 5년 뒤에 일본은 한국을 합병하고 지배하에 둔 것이라고 생각합니다.

그러나 제2장에서 말씀드린 것처럼 역사적 사실을 되짚어보면 러일전쟁 때 이미 일본은 한국을 보호국화해 실질적으로는 거의 합병된 것이나 마찬가지였습니다. 그러므로 흔히 말하는 1910년 한국병합이라는 것은 러일전쟁에서 획득한 지배를 형식적으로 완성한 것에 지나지 않는 것이라 볼 수 있습니다.

이것도 제2장에서 말씀드린 내용입니다만, 일본은 러일전쟁 개시와 동시에 사실상 한국 내정에 강제로 간섭하고 개전 직후인 1904년 2월에는 「한일의정서」를, 전쟁 중이던 1904년 8월에 '제1차 한일협약'을 성립시켰습니다. 포츠머스 조약 체결 후인 1905년 10월에는 한국의 보호권 확립 실행을 각의^{閣議}에서 결정하고, 11월에는 이토 히로부미를 특파 대사로 한국에 파견해 한국을 일본의 보호국으로 삼는다는 '제2차 한일협약'^{을사조약}을 강제로 조인하게 하고, 12월에는 한국통감부를 설치한 뒤 이토가 초대 한국통감에 임명됩니다.

이 '제2차 한일협약'에 의해 한국의 외교권은 완전히 일본에 접수되었습니다. 이후 한국 내에서는 이 조약에 반대하는 의병투쟁이 시작됩니다.

헤이그 밀사사건

한편 1907년 6월부터 10월까지 네덜란드 헤이그에서 제2차 만국평화회의가 열렸는데 여기서 사건이 발생합니다. 만국평화회의는 국제분쟁을 해결하고 병력을 제한하는 등의 목적으로 1899년에 제1차 회의가 열렸고 제2차 회의에는 47개국이 참가했습니다.

이 회의에는 당시 이미 일본이 보호국화하고 있던 한국의 참가는 인정되지 않았습니다. 그런데 국왕인 고종이 밀사를 파견해 일본의 한국지배의 부당성과 '제2차 한일협약'이 무효임을 전 세계에 호소하려 했습니다. 이른바 헤이그 밀사 사건입니다. 이 조치에 격노한 일본은 고종을 퇴위시키고 7월 24일에는 '제3차 한일협약'^{정미 7조약}을 체결해 행정·사법 등 내정 전반을 일본이 관리할 것을 정하고 한국군대도 해산시킵니다. 이로써 한국의 의병전투는 전국으로 확대되고^{정미의병투쟁}, 1914년 일본이 이를 진압하기까지, 진압한 이후로도 의병전투는 오랫동안 지속됩니다.

토지·철도·금융을 점유하다

1909년 7월 6일 일본정부는 각의에서 사법과 감옥 사무를 일본에 위탁하게 하는 등 한국병합방침을 결정했습니다. 그로부터 약 3개월 후인 10월에 안중근이 하얼빈에서 이토 히로부미를 사살하는 사건이 발생합니다. 안중근은 이듬해 3월 뤼순에서 처형됩니다.

일본은 조선의 토지를 지배하기 위해 1908년에 농업척식사업을 행할 국책회사로 동양척식회사를 설립하고, 1910년 3월에는 조선의 토지조사사업을 본격적으로 개시합니다. 또한 철도망을 정비하고 중앙은행도 설치합니다.

일본은 이미 청일전쟁에서 획득한 타이완에도 중앙은행인 대만은행을 설치해[1899] '대만은행권'을 유통시켰습니다. 그런데 한국에서는 상당히 이른 시기부터 일본의 다이이치第一 은행의 부산 지점이 영업 중이었고 '제1차 한일협약'에 의해 다이이치 은행이 '조선은행권' 발행 업무를 담당하고 있었습니다. 1909년 10월에는 한국은행을 설치하고 중앙은행권의 발행업무를 다이이치 은행으로부터 계승받습니다. 총재도 은행원도 건물도 모두 다이이치 은행에서 인계받습니다.

한국의 지도, 검게 물들다

이렇게 해서 한국 국내의 각종 부문을 실질적으로 일본의 지배하에 둔 다음 1910년 6월에 '한국에 대한 시정施政 방침'을 각의 결정합니다. 이토 히로부미에 이어 제2대 한국통감은 소네 아라스케曽禰荒助[1]였는데 병약했습니다. 그래서 그의 재임 기간은 아주 짧게 끝나고, 1910년 5월 말 육군대신 데라우치 마사타케寺内正毅[2]가 한국통감을 겸임합니다.

8월에는 데라우치가 이완용 수상에게 병합 각서를 건네고 한국 각의에서도 합병조약 조인이 승인됩니다. 8월 22일 한국병합조약이 조인되고 1주일 뒤인 8월 29일에는 조약이 공포와 함께 즉시 시행되고 메이지 천황은 「한국병합조서韓國併合詔書」를 발포합니다. 한국병합 후 한국 왕실은 일본의 황실에 준하는 왕공족王公族이 되고 새로이 이왕가李王家가 만들어져 고종의 아들 이은李垠이 '왕세자'에 봉해집니다.

일본은 한국병합 직전인 7월 4일 러시아와 '제2차 러일협약'을 맺어 만주에서 얻는 특수이익을 서로 존중해주고 군사동맹조치를 취하자고 확인합니다. 러일전쟁 결과 기존의 만주와 한국 사이에 있던 러시아와 일본의 권익 분계선이 좀 더 북쪽으로 이동

---

1 1849~1910. 정치가, 외교관. 조슈 파벌의 한 사람.

2 1852~1919. 육군 군인, 정치가. 육군대신(제15대·제16대·제17대), 외무대신(제22대·제31대), 한국통감(제3대), 조선총독(초대), 내각총리대신(제18대) 등을 역임.

하게 되면서 남만주와 북만주를 사이에 두고 선을 긋는 형세가 되었습니다. 즉 일본은 한국에 대해 자유 재량권을 얻은 셈이 되어 다른 제국주의 열강도 공공연하게 또는 묵인하는 형태로 일본이 한국을 지배하는 것을 인정했습니다.

한국병합으로부터 1개월 후에 와카야마 보쿠스이若山牧水[3]가 주재하던 시가詩歌 잡지『소사쿠創作』10월호에 이시카와 다쿠보쿠石川啄木[4]가 쓴 노래가 실렸습니다.

지도상에
조선국을 검게검게
먹으로 덧칠하며 가을바람 소리를 듣네

「9월 밤의 불평九月の夜の不平」이라는 제목이 붙여진 다쿠보쿠의 34구절 중 한 구절입니다. 한국병합에 대해서는 당시의 국민의 대부분이 환영하는 분위기인 데 반해, 다쿠보쿠는 조선사람의 비애를 잘 지적하고 공감하며 비판했던 것입니다. 뒤에서 쓰겠지만 신문사에 근무하던 다쿠보쿠는 매우 뛰어난 저널리스트 감각을 갖고 있었던 사람으로 한국병합과 동시에 발생한 대역大逆사건에도 상당히 민감하게 반응했습니다.

---

3 1885~1928. 시인. 본명은 와카야마 시게루若山繁).
4 1886~1912. 시인, 작가. 본명은 이시카와 하지메(石川 一). 후에 사회주의적인 경향을 표방.

한국병합의 의미

제2장 이후에서 살펴본 것처럼 러일전쟁 직후 「한일의정서」를 비롯해 전쟁 중에는 '제1차 한일협약'을, 전쟁 종식 후에는 '제2차, 제3차 한일협약', 이어서 1910년 '한국병합'에 이르기까지 일본은 일직선상의 계획 아래 한국을 합병했습니다.

한국에서는 1910년 한국병합에서 1945년 일본의 태평양전쟁 패전까지를 '일제지배 36년'이라고 말한다고 합니다. 그런데 근현대사 전공 사학자인 강재언의 저서 『일본에 의한 조선지배 40년』의 제목에서도 잘 표현되어 있는 것처럼, 제가 생각하기에는 오히려 러일전쟁시기부터 포함시켜 일본 패전시기까지 '일제지배 40년'이라고 칭하는 편이 더 적절할 듯합니다.

이 책에서 저는 청일전쟁은 '제1차 조선전쟁', 러일전쟁은 '제2차 조선전쟁'이라고 부르는 편이 더 적절하다고 반복해서 강조했습니다. 하지만 적어도 근대일본과 조선의 관계를 고찰하려면 메이지 유신 직후의 '정한론', 1875년의 강화도사건과 조일수호조규, '제1차·제2차 조선전쟁'인 청일·러일전쟁, 한국병합이라는 일련의 흐름 속에서 관찰해야 그 실태를 더 정확하게 파악할 수 있을 것입니다.

그사이 일본은—특히 러일전쟁 이후—일관되게 조선에 대한 주도권을 장악하고 거의 대부분의 정책 결정 과정에 관여합니다. 러일전쟁 당시 한국에 대한 지배도 강제적인 것이었지만, 러일전쟁 후로는 그러한 양태에 더욱 박차가 가해집니다.

1907년 헤이그 밀사사건이 그 계기가 되었습니다. 일본은 조선국왕이 밀사를 보냈다고 하는 작은 사실을 꼬투리 삼아 궁지로 몰아갔습니다. 이런 경위를 거쳐 조선국왕도 결과적으로는 '자발적으로' 한국이 일본영토가 되는 것을 승인하지 않을 수 없었다고 보는 것이 정확할 것입니다.

한국병합조약^{한국병합에 관한 조약}에 대해서는 일본과 한국이 국가로 대등한 입장에서 합의한 것으로 국제법상으로도 합법이며 일본의 한국병합을 정당화하는 논의도 있습니다. 하지만 병합과정에서 일본이 얼마나 강압적으로 추진했는지를 살펴본다면, 이를 정당화하는 견해는 지극히 일면적이고 역사의 흐름을 고려하지 않은 것이라고 저는 생각합니다.

앞서 말씀드린 것처럼 적어도 한국 측에서 보면 한국병합은 일본에 의해 자신들의 나라가 빼앗긴 '통한의 역사'임이 분명합니다.

2
·

대역사건

한국병합과 대역사건

한편 한국병합과 같은 시기에 일본 국내에서 일어난 큰 사건이 있습니다. 대역사건입니다. 두 사건 모두 1910년에 발생했다는 점은 다소 암시적인 측면이 존재합니다. 이 두 가지의 사건은 얼핏 생각하면 아무런 관련이 없는 것처럼 보이지만, 사실은 두 사건 모두 러일전쟁과 밀접하게 관련되어 있습니다.

제2장에서 말씀드린 것처럼 청일전쟁 때에는 반전론·비전론이 대두되지 않았지만, 러일전쟁 때는 승전보를 외쳐대는 정부의

선전에 국민들은 열광하는 와중에도 고토쿠 슈스이나 우치무라 간조 등이 전쟁을 비판하는 논의를 펼쳤습니다. 러일전쟁 이후 정부는 고토쿠 등의 반체제적 언론활동에 대해 경계심을 갖고 감시를 강화합니다. 이것이 1910년에 발생한 대역사건으로 이어집니다.

너무 단순하게 대비시키는 설명 방식은 지양해야 할 것입니다. 하지만 러일전쟁의 귀결로 대외적으로 가장 중요한 것이 한국병합이고 국내적으로 가장 충격적인 사건이 대역사건이라고 봐도 크게 틀리지 않을 것입니다. 러일전쟁―반전·비전론―대역사건으로 이어지는 이 흐름이 하나, 또 하나가 러일전쟁―조선지배―한국병합의 흐름이었습니다. 사실 이 이후 일본 국내에서나 조선에서 경찰이나 군의 힘에 의한 반정부적 운동은 철저하게 탄압받게 됩니다.

이 책의 주제인 근대일본의 전쟁 논의에서는 다소 옆으로 새는 얘기일 수도 있지만, 대역사건에 대해 잠시 얘기해보고자 합니다.

아카하타 사건에서 대역사건으로

1908년 6월 러일전쟁 중에 반전反戰 전단지를 뿌린 죄로 투옥된 사회운동가 야마구치 고켄山口孤劍[5]이 출소하자 그 환영회가 도쿄 간다神田에 있는 긴키칸錦輝館에서 열렸습니다. 환영회가 끝나고 사회주의자 아라하타 간손荒畑寒村[6]이 새빨간색 바탕천에 흰색 실로 '무정부 공산'이라는 글자를 새긴 깃발을 들고 거리로 나가려던 찰나, 경찰대와 충돌했습니다. 이 일로 오스기 사카에大杉榮[7], 사카이 도시히코, 야마카와 히토시山川均[8], 아라하타 간손 등이 체포, 검거되었습니다. 이것이 이른바 아카하타赤旗: 빨간 깃발 사건입니다.

이 사건 자체는 그다지 큰 사건은 아니었는데도 오스기, 사카이 등에게 금고형이 내려졌습니다. 이 사건 후에 사이온지 긴모치西園寺公望[9] 내각에서 제2차 가쓰라 다로 내각으로 바뀌었는데 사회주의자 진압을 정책으로 내걸었기 때문에 사회주의자에게는 경찰의 감시가 붙게 됩니다. 역설적이게도 오스기, 사카이 등은 아카하타 사건으로 체포된 상태였기 때문에 이후에 일어난 대역사건에서 화를 면할 수 있었습니다. 만약 이때 그들이 체포되어 있지 않았다면 일본의 사회주의는 근절되고 말았을지도 모르겠습니다.

---

5 1883~1920. 신문기자, 평론가, 사회운동가. 본명은 야마구치 요시조(山口義三).
6 1887~1981. 사회주의자, 노동운동가, 작가. 중의원 의원 역임(1946~1949).
7 1885~1923. 사상가, 작가, 저널리스트, 사회운동가.
8 1880~1958. 사회주의자, 사회운동가, 사상가, 평론가. 재야 경제학자.
9 1849~1940. 정치가. 공가(公家) 출신. 내각총리대신(제12대·제14대) 역임.

여기서 잠깐 대역사건의 개요를 언급해두겠습니다.

1910년 5월 25일 신슈信州 아즈미노安曇野에 거주하는 미야시타 다키치宮下太吉[10] 등 네 명이 천황을 암살하기 위한 폭탄을 만들었다는 혐의로 체포됩니다. 이른바 '아카시나明科 사건[11]'입니다. 그런데 미야시타 등이 고토쿠 슈스이 등과 친분이 있었습니다. 따라서 정부는 이 사건을 계기로 대표적인 사회주의자를 탄압할 것을 기획해 고토쿠 등 26명을 일거에 체포합니다. 용의는 천황에게 위해危害를 가하려 한 죄, 즉 '대역죄'입니다.

대역죄는 메이지 헌법에서 가장 무거운 죄였는데 재판도 하급심 없이 대심원에서 한 번의 결심結審으로 1911년 1월 18일 대심원은 피고 24명에게 사형을 판결하고, 두 명에게는 징역형을 내립니다. 다음 날 19일에는 천황의 의사를 반영해 12명은 무기징역으로 감형되었습니다. 이때 고토쿠를 포함한 나머지 12명은 1월 24일부터 25일 사이에 바로 처형되고 맙니다.

이 재판의 변호인이 『묘조明星』에도 기고한 적이 있는 문학가 히라이데 슈平出修[12]였습니다. 대역사건의 자료는 100년 이상 지난 지금도 찾기가 쉽지 않습니다. 하지만 히라이데가 남긴 「대역사건 의견서」형법 제73조에 관한 피고사건 변호 필사본 등을 토대로 진행된 연구에 의해 현재는 고토쿠 등은 천황암살 계획과는 전혀 무관했으며

---

10 1875~1911. 공산주의자, 아나키스트.

11 메이지 천황 암살을 계획했다는 이유로 고토쿠 등 사회주의자 12명이 처형된 탄압사건. 미야시타 다키치가 폭탄을 제조한 곳이 나가노(長野) 현 아즈미노(安曇野) 시의 아카시나(明科) 제재소(製材所)였던 것에서 아카시나 사건으로 칭함.

12 1878~1914. 소설가, 시인, 변호사.

경찰과 검찰이 지어낸 사건으로 일본 근대역사상 최대의 누명寃
罪 사건이었음이 밝혀집니다. 또한 이 사건을 지휘한 사람은 당시
사법성 검사였던 히라누마 기이치로平沼騏一郎[13]였습니다. 이후 히
라누마는 검사총장이 되었고 중일전쟁 중인 1939년에는 수상 자
리까지 올라갑니다.

대외적으로는 한국병합, 대내적으로는 대역사건, 이 두 가지
큰 사건이 같은 해에 일어났다는 것은 매우 인상적입니다. 이후
한반도에서 의병전투 등 항일저항운동은 식민지 지배하에 헌병
정치에 의해 철저히 억압되고, 본국인 일본열도에서는 사회주의
운동이 대역사건 탄압의 공포하에 경찰 권력에 의해 마찬가지로
철저한 탄압을 받습니다.

연표나 일지 등을 보면 1910년 5월 25일 미야시타 다키치의 체
포로 대역사건의 검거가 개시되고, 5월 30일 데라우치 마사타케
가 한국통감에 임명되고, 6월 1일 고토쿠 슈스이가 체포되고, 6월
3일 각의에서 합병 후 한국에 대한 헌법을 시행하지 않고 모든
정무를 통괄하는 총독을 둘 것을 결정하는 등, 한국병합과 대역
사건이 동시에 진행되고 있었다는 것을 분명히 알 수 있습니다.

---

13 1867~1952. 사법관료. 정치가.

도쿠토미 로카의 '모반론'

이 대역사건에 대해서는 많은 저널리스트나 문학가가 반응하기 시작합니다.

러일전쟁 후에 「승리의 비애」를 쓴 도쿠토미 로카는 고토쿠 등이 처형된 직후 1911년 2월 1일 다이이치第一 고등학교 변론부의 의뢰를 받고 '모반론謀叛論'이라는 제목으로 특별강연을 합니다.

제군들, 가장 좋은 모자는 머리에 쓰고 있는 것을 잊게 하는 모자다. [마찬가지로] 가장 좋은 정부란 마치 그 존재를 잊을 정도로 [없는 듯이 있는] 정부다. 모자는 머리 위에 있지만 머리를 너무 누르지 않아야 한다. 우리의 정부가 무거운지 가벼운지는 모르겠지만, 고토쿠 등의 머리에는 몹시 무겁게 느껴졌기 때문에 결국 그들은 무정부주의자가 됐을 것이다.

……제군들, 고토쿠 등은 현 정부로부터 모반인으로 간주되어 살해되었다. 하지만 모반을 두려워해서는 안 된다. 모반인을 두려워해서도 안 된다. 스스로 모반인이 되는 것을 두려워해서도 안 된다. ……제군들, 사이고 다카모리도 [당시에는] 역적이었다. 하지만 작금의 견해로 볼 때 역적이 아니면서 사이고와 같은 인물이 있는가?

고토쿠도 오인되어 난신적자亂臣賊子가 되었다. 하지만 100년 후 세상에서는 반드시 그가 한 일을 안타깝게 여기고 [다 이루지 못한] 뜻을 슬퍼하게 될 것이다(『明治文学全集 42 德富蘆花集』, 371쪽, 374쪽).

고토쿠는 정부로부터 모반인으로 간주되어 처벌받았으나 모반인이 되는 것을 두려워해서는 안 되며, 새로운 것은 항상 모반이다, 사이고 다카모리도 당시에는 역적으로 취급받았지만 지금의 관점에서 보면 역적이 아니었음은 명백하며, 고토쿠 역시 오인되어 난신적자처럼 취급받고 있으나 100년 후의 공식 여론은 반드시 애석하게 여길 것이라고 설명한 겁니다.

로카는 학생들에게 열렬히 강연을 했습니다. 관헌의 감시가 삼엄하던 당시의 시대 분위기 속에서 상당히 위험한 내용을 포함한 강연이었습니다. 결국 당시 이 학교의 교장 니토베 이나조新渡戶稻造[14]가 이 강연 때문에 견책 처분을 받습니다.

이시카와 다쿠보쿠의 「코코아 한 모금」

이시카와 다쿠보쿠도 빠르게 반응했습니다. 그의 작품으로는

---

14 1862~1933. 교육자, 사상가. 국제연맹 사무차장 역임. 영문 저술 『무사도(*Bushido: The Soul of Japan*)』으로 유명. 2004년 이전 5,000엔권 지폐 초상화의 주인공.

「A letter from prison^{감옥으로부터의 편지}」 「이른바 이번 사건^{所謂今度の事}」 등이 특히 유명합니다만, 여기서는 시집 『호각과 휘파람^{呼子と口笛}』에 수록된「코코아 한 모금^{ココアのひと匙}」을 소개하고자 합니다(『石川啄木全集 第二巻 詩集』, 筑摩書房, 1979, 416~417쪽).

우리는 안다, 테러리스트의

비통한 마음을 —

말과 행동을 따로 분리하기 어려운

단지 하나의 마음을,

빼앗긴 말 대신

행동으로 말하려 하는 그 마음을,

나와 내 육신을 적에게 내던지는 그 마음을 —

그러나 그것은 너무 성실하고 열심 있는 사람에게

늘 찾아오는 슬픔임.

끝이 보이지 않는 논의 끝에

식어버린 코코아 한 모금을 입에 대니,

혀끝으로 전해오는 옅은 쓴맛에,

우리는 안다, 테러리스트의

비통하고 비통한 마음을

따뜻한 코코아를 주문했지만 끝이 보이지 않는 논의에 열중하다보니 어느새 코코아는 차갑게 식어버렸다, 이것을 한 모금 마시자 쓴맛이 입안에 감돈다, 혀끝으로 전해진 쓴맛은 테러리스트의 비통한 심경을 다쿠보쿠가 이해했다는 내용입니다. 이 시의 제목에는 1911.6.15. TOKYO.와 같이 날짜도 같이 표기되어 있습니다. 날짜상으로 볼 때도 이 시가 고토쿠 등을 염두에 두고 지어진 것임이 분명합니다. 저는 찻집 메뉴판에 '코코아' 또는 '아이스 코코아'가 보일 때마다 이 시가 떠오릅니다.

나가이 가후의 「불꽃놀이」

문호文豪 나가이 가후永井荷風[15]는 대역사건으로 큰 충격을 받고 문학가로서의 자신을 돌아보게 됩니다. 당시 『미타분가쿠三田文学』의 주간으로 게이오기주쿠慶應義塾에서 일하던 가후는 출근 도중 죄수들을 실은 마차가 히비야 재판소 쪽으로 향해 가는 그 광경을 목격합니다.

메이지 44년[1911] 게이오기주쿠로 출근하던 길에 지나가다가 우연

---

15 1879~1959. 소설가. 본명은 나가이 소키치(永井壯吉).

히 이치가야 거리에서 죄수를 실은 마차 대여섯 대가 히비야 재판소 쪽을 향해 달려가는 것을 봤다. 그때까지 듣고 본 여러 사건 중에 그때만큼 표현할 수 없을 정도로 기분이 나빴던 적은 없었다. 내가 문학가인 이상 이 사상 문제에 관한 한 잠자코 있어서는 안 된다. 소설가 졸라는 드레퓌스 사건 때 정의를 부르짖기 위해 국외로 망명까지 하지 않았는가.

하지만 나는 다른 문학가들과 함께 아무런 발언도 하지 않고 있다. 나는 왠지 양심의 가책에 버텨낼 수 없을 것 같은 기분이 들었다. 나 스스로를 문학가라고 하기에 몹시 수치스러웠다. 이후로 나는 자신의 예술의 품위를 [고상한 수준에서 폼만 재고 있을 것이 아니라] 에도 시대 희극작가가 했던 것처럼 [서민적·통속적] 수준까지 낮춰야겠다고 생각했다. 이 무렵부터 나는 [에도 시대 희극작가가 그랬던 것처럼] 담배합을 옆에 끼고 우키요에浮世絵를 모으고 샤미센三味線을 연주하기 시작했다(「花火」, 『永井荷風 ちくま日本文学 019』, 筑摩書房, 2008, 434쪽).

그 광경을 보고 뭐라 표현할 수 없을 정도로 기분이 나빠진 가후는 프랑스 드레퓌스 사건 당시 졸라Émile Zola[16]가 했던 행동과 자신을 대비시키며 대역사건을 대하는 자신은 문학자로서 아무런

---

16 1840~1902. 소설가. 프랑스 자연주의 문학의 대표자. 만년에는 사회주의에 대한 관심이 강했음.

발언도 하지 못한 것에 대해 깊은 수치심을 느낍니다. 이후로는 자신은 담배합을 옆에 차고 우키요에[17]를 수집하고 샤미센[18]을 연주하며 에도 시대 희극작가처럼 살아갈 것을 정합니다.

대역사건에 대해서는 일본 국내뿐만 아니라 당시 해외에서도 항의하는 반응이 나타납니다. 1910년 12월에는 프랑스 파리의 일본 대사관에 항의 데모가 있었고, 런던이나 뉴욕 일본 공관(公館)에도 항의서가 발송되기도 했습니다.

사회주의: '암흑기'로

대역사건으로 일본의 사회주의는 '암흑기'를 맞이하게 됩니다. 아카하타 사건으로 검거되면서 살아남을 수 있었던 사카이 도시히코, 오스기 사카에, 아라하타 간손, 야마카와 히토시, 다카바타케 모토유키(高畠素之)[19] 등은 1910년 12월 31일에 바이분샤(売文社)를 설립합니다. 이 회사는 글자 그대로 '글(文)을 파는' 회사로 편지의 대필에서 책 대필, 여행안내, 속기, 번역 등 다양한 일을 맡았습니다.

정부의 심한 단속으로 사회주의운동을 할 수 없게 되자 그들은 생계수단으로 어떤 형태로든 글을 쓰는 일을 합니다. 이 회사

---

17 일본의 에도 시대에 성행한 유녀나 연극을 다룬 풍속화로 다색 인쇄판화.
18 목제 상자에 가죽을 씌운 몸통에 줄을 부착시킨 일본의 현악기로 예술음악에서 대중음악에 이르기까지 폭넓게 사용되는 일본의 대표적인 악기.
19 1886~1928. 사회사상가, 철학자. 국가사회주의를 제창.

는 1919년 3월에 해산하는데 해산하기 전까지 『수세미 꽃^{へちまの花}』 『신샤카이^{新社会}』와 같은 기관지를 계속 발행했습니다. 이렇게 해서 일본사회주의운동은 겨우 명맥을 유지했던 것입니다.

대역사건 이후 언론 통제·단속은 강화 일변도였지만, 이 와중에도 1911년 9월 히라즈카 라이초^{平塚らいてう}[20] 등이 일본 최초의 여류 문예지 『세이토^{青鞜}』을 창간합니다. '세이토'란 영어로는 블루 스타킹이라는 뜻으로 18세기 영국에서 파랑색 스타킹을 신는 것이 교양이 높은 여성을 상징했던 것에서 유래합니다.

창간사에서 라이초는 "원시^{元始} 여성은 실로 태양이었다"고 드높이 외치며, 권두^{卷頭}에서는 요사노 아키코가 "산을 움직이는 날이 온다"는 문구로 시작하는 「두서없는 말^{そぞろごと}」이라는 시를 기고합니다. 잡지 『세이토』는 1916년 2월에 폐간되지만 여권이 매우 제한되어 있던 시대에 여성해방과 자아 확립을 일깨우며 이후 여성해방운동의 길을 열었습니다.

---

20 1886~1971. 사상가, 평론가, 작가, 페미니스트. 여성해방운동가. 전후에는 주로 반전, 평화운동 활동에 참가.

3

·

메이지 시대의 종언

조약개정 실현

러일전쟁 전부터 다이쇼 초기의 약 10년간은 번벌藩閥 정치형 육군 군인이었던 가쓰라 다로와 입헌정우회 당수였던 정당정치형의 사이온지 긴모치가 교대로 정권을 담당했던 시기로 두 사람의 이름의 한 글자씩을 딴 '게이엔桂園 시대'라고도 부릅니다.

이 책에서 지금까지 언급했던 사항에 맞춰 정리하면 먼저 제1차 가쓰라 내각시대가 의화단전쟁 말기 1901년 6월부터 러일전쟁 후 1906년 1월까지'히비야' 폭동사건으로 퇴진, 그다음 제1차 사이온지 내각은 '러일전쟁 후 경영'시대인 1908년 7월까지, 그리고 그다음 제2차 가쓰라 내각은 한국병합 후인 1911년 8월까지입니다.

이 시대의 외교 측면을 살펴보면 제2차 가쓰라 내각 시절인 1911년 4월에 '미일통상항해조약'이 발효되어 관세자주권을 완전히 회복하게 됩니다. 이로써 메이지 일본의 숙원사업이었던 조약개정이 드디어 마무리됩니다.

청일전쟁 개시 무렵 상황을 말씀드리면 법권法權과 일부 세권稅權은 청일전쟁 전에 외무대신 무쓰 무네미쓰에 의해 회복되었지만 아직 세권은 완전히 회복되지 않은 상태였습니다. 1911년은 메이지 시대[1868~1912]를 1년 남긴 시점이었으므로 결국 조약개정 문제는 메이지 시대를 거의 다 소비하면서 마지막에 해결된 셈입니다.

또한 1911년 7월에는 '제3차 영일동맹'이 성립하는데, 이 동맹에서는 영국의 요구에 의해 미국을 이 협약의 대상국에서 제외하게 됩니다. 즉 일본이 미국과 전쟁을 할 경우 영국은 일본 편을 들어줄 수 없게 되는 시나리오였습니다.

신해혁명과 메이지 시대의 종언

1911년 8월 제2차 가쓰라 내각에 이어 제2차 사이온지 내각이 성립된 지 약 1개월이 지난 10월 10일 청나라 우창武昌에서 군대가 봉기하고 신해혁명이 시작됩니다. 청조淸朝 타도를 외치는 이 움직임은 순식간에 각지로 퍼져 1912년 1월 1일에는 쑨원孫文이 난징南京에서 임시 대총통에 취임하고 청나라 선통제宣統帝: 푸이溥儀는 물러납니다. 약 500년 이상 지속되어오던 '명·청제국'은 무장봉기로부터 불과 반년도 지나지 않아 무너집니다.

혁명의 계기가 된 것은 철도를 국유화하고 영국·프랑스·독일·미국의 4개국에서 차관을 도입하고 외국인 기술장技師長을 데리고 와서 건설사업에 착수한다는 정부 시책에 대해 주민들이 맹렬하게 반대한 것입니다保路運動. 혁명의 발단이 되던 당시는 4개국 차관단이었습니다. 그런데 만주와 몽골의 권익에 영향이 없게 한다는 것을 조건으로 하면서 일본과 러시아도 추가되면서 1912년 6월에는 6개국 차관단이 성립했습니다.

하지만 미국은 러시아와 일본이 독점적으로 지배하는 상황을 타파하려고 기회를 노리고 있던 터라 차관단에 일본과 러시아가 합류한 것을 꺼립니다. 그런 이유로 미국이 1913년 3월에 탈퇴하면서 5개국 차관단^{영국·프랑스·독일·리시아·일본}으로 바뀝니다.

1912년 7월 30일 메이지 천황이 죽고 황태자 요시히토^{嘉仁} 친왕이 즉위하면서 원호가 다이쇼로 바뀌면서 메이지라는 시대는 막을 내립니다. 메이지 천황의 장례일인 9월 13일 육군대장 노기 마레스케 부부가 천황을 따라서 죽는 일이 일어나기도 합니다. 노기의 죽음에 충격을 받은 모리 오가이^{森鴎外21}는 노기의 유서를 자신의 스타일로 각색해 시대와 인물 설정을 바꾼 소설 「오키쓰 야고에몬의 유서^{興津弥五右衛門の遺書}」를 『주오코론^{中央公論}』 10월호에 발표합니다. 육군 군의^{軍醫}였던 모리 오가이는 독일 유학 이후 노기와 면식이 있었고 러일전쟁에서도 군의부장으로 출정했던 사람입니다.

메이지에서 다이쇼로 시대가 바뀌었던 1912년 일본 인구는 약 5,000만, 합병한 조선의 인구는 1,300만이었습니다.

제1차 호헌운동과 지멘스 사건

1912년 12월 제2차 사이온지 내각에서 당시 내대신^{內大臣}이던 가쓰라가 총리대신이 되면서 제3차 가쓰라 내각으로 바뀝니다.

---

21 1862~1922. 소설가, 평론가, 번역가, 육군 군의, 관료.

그런데 이는 궁중宮中과 부중府中: 행정의 구별에 대한 분별의식이 없는 것이라며 가쓰라 취임 전부터 야당의원과 저널리스트 등이 중심이 되어 강하게 비판했고 그를 수상 자리에서 끌어내리려는 운동이 시작됩니다. 이른바 제1차 호헌護憲운동입니다. 친정부파 신문사들이 습격을 받거나 군대가 출동하는 사태로 번지면서 이듬해 1913년 2월 가쓰라 내각은 총사직하고, 해군대장 야마모토 곤베가 차기 수상이 됩니다. 이로써 가쓰라와 사이온지가 번갈아가며 수상을 역임하던 시대는 막을 내립니다다이쇼 정변.

야마모토 내각 시절에는 거대한 의혹 스캔들인 지멘스 사건이 발생합니다. 1914년 1월 해군 고관이 독일 지멘스 회사로부터 뇌물을 받은 사건이었는데, 이것이 빌미가 되어 야마모토 내각은 총사퇴합니다. 야마모토 내각을 이은 후계자로 당시 정치계를 떠나 있던 오쿠마 시게노부大隈重信[22]가 물망에 오르고 그해 4월 제2차 오쿠마 시게노부 내각이 탄생합니다.

일본은 오쿠마 내각하에서 제1차 세계대전에 참전합니다. 그러나 제1차 세계대전에 돌입하기 전 일본경제는 위기에 부딪힙니다.

---

22 1838~1922. 정치가, 교육자. 내각총리대신(제8대·제17대) 역임, 와세다 대학의 전신인 도쿄 전문학교를 설립.

사라예보 사건에서 '유럽 대전'으로

러일전쟁이 끝난 후 일본은 전후경영 등으로 재정 지출은 늘었지만 불경기가 지속되고 있었습니다. 러일전쟁 때 끌어왔던 외채에 대한 이자 부담이나 주요 산업이던 방적의 원료인 면화 수입량이 늘면서 국제수지도 악화돼 정화正貨인 금이 부족해지는, 이른바 정화 위기를 맞이하게 됩니다. 청일전쟁 배상금에 의해 성립된 금본위제도로 외국에 지불해야 할 금이 적어지면서 제도를 시행한 지 오래되지는 않았지만 멈추지 않을 수 없음을 일본은행 간부도 각오하고 있을 정도였습니다. 이 와중에 '세계대전'이 일어납니다.

한편 여기서 한 가지 짚고 넘어가고 싶은 것이 있습니다. 오늘날 우리는 일반적으로 최초의 '세계대전'을 '제1차 세계대전'으로 칭하는데, 저는 여기서 일부러 '세계대전'으로 부르고자 합니다. 의외로 우리가 지나치기 쉬운 부분이 전쟁의 이름인데 '제2차' 세계대전이 시작되기 전까지는 당연한 얘기지만 '제1차' 세계대전이라고 불리지 않았고 단순히 '세계대전' 또는 '세계전쟁' 등으로 불렸습니다.

올해2014는 이 '세계대전'이 시작된 지 꼭 100년이 되는 해입니다. 하지만 '세계대전' '세계전쟁'이라고 불리는 인류가 처음으로 체험한 거대 전쟁에 대해 당시의 세계 사람들은 도대체 어떤 심정으로 대했는지 혹은 얼마나 공포감에 떨었을지를 생각하려 할 때 '제1차' 세계대전이 아니라 당시의 명칭인 '세계대전' 또는 '세계전쟁'이라 부르는 편이, 당시 인류 최초의 거대 전쟁을 이해하는 우리의 태도도 다소 달라질 것이라 봅니다. 앞으로는 특별히 표기가 없는 한 '세계대전'이라고 쓰겠습니다.

먼저 '세계대전'이 일어나기 전의 상황에 대해 살펴보겠습니다. 1912년 10월 오스만 제국과 불가리아·세르비아·몬테네그로·그리스 등 이른바 '발칸동맹'국들 간에 제1차 발칸 전쟁이 일어납니다. 이듬해 5월 강화조약이 체결되지만 이번에는 그 전후 처리문제를 둘러싸고 대립하면서 불가리아가 세르비아와 그리스를 공격하고, 6월에는 제2차 발칸 전쟁이 시작되고 여기에 루마니아까지 나서 불가리아에 선전포고를 하고 참가합니다. 이 전쟁은 바로 강화조약이 체결되면서 아주 짧은 기간에 종료되지만 이후에도 발칸 반도의 긴장상태는 지속되어 당시 '유럽의 화약고'라고 불렸습니다.

그러던 중 1914년 6월 28일 오스트리아 황태자 부부가 사라예보에서 세르비아인 청년에게 살해되는 사건이 발생합니다^{사라예보}

^{사건}. 그로부터 1개월 뒤인 7월 28일에는 오스트리아가 세르비아에 최후통첩을 보내 선전포고를 합니다.

오스트리아와 동맹을 맺고 있던 독일은 8월 1일에 세르비아를 지원하고 있던 러시아에 선전포고를 하고, 2일에는 벨기에에 대해 군대 통과를 요구하고, 3일에는 프랑스에 선전포고를 하며, 4일에는 급기야 독일군이 벨기에로 침입합니다. 같은 날 영국이 독일에 선전포고를 하면서 유럽 열강 모두가 전쟁에 돌입하게 되는 '유럽 전쟁'이 시작된 것입니다.

일본의 '참전외교'

그렇다면 일본은 '세계대전'에 어떤 경위로 참가했던 것일까요? 독일에 선전포고한 영국은 영일동맹을 맺고 있던 일본에 대해 '유럽 대전'이 극동지역까지 확산될 경우 지원해달라고 합니다. 구체적으로는 독일 선적^{船積} 무장상선^{武裝商船}을 격파시키기 위해 일본에게 '대독^{對獨}전쟁'에 참가해달라고 했습니다. 일본은 영국의 이러한 요구와 희망을 받아들여 바로 전쟁에 참가하기로 했습니다. 그런데 영국은 일단 일본에게 군사행동 개시를 미뤄달라고 하면서 독일 선박을 격파해달라는 요청도 취소합니다.

사실 영국은 일본이 독일의 무장상선만 격파해주길 바랐습니다. 그러나 무장상선을 격파하려면 당연히 독일에 대한 선전포고가 필요하므로 일본은 영국에게 영일동맹 원칙에 입각해 독일에 선전포고하겠다고 전합니다. 이것이 이른바 일본의 '참전외교'라고 불리는 것입니다. 그런데 일본의 목적은 이를 계기로 독일이 조차하고 있는 산둥 반도를 빼앗고 남만주철도와 관둥저우關東州 조차기한을 중국에게서 연장받으려는 데 있었습니다.

참전에 적극 찬성하던 외무대신 가토 다카아키加藤高明[23]는 주일 영국대사에게 동아시아에서 독일세력을 몰아내기 위해 일본이 참전할 것임을 표명했고, 이에 대해 영국은 정한 한계지역 내에서만 참전할 것을 조건으로 일본의 참전에 동의했습니다.

그런데 일본은 8월 15일에 "영일동맹협약 체제에서 예상되는 모든 이익을 지키기 위해"라는 문구로 독일에 최후통첩을 보냅니다. 최후통첩의 내용은 독일 함정의 즉각적인 퇴거와 함께 산둥 반도의 자오저우 만 조차지를 일본에 무상무조건으로 교부하라는 것이었습니다. 그러면서 만약 독일이 이에 응하지 않을 경우 "제국정부는 필요하다고 여겨지는 행동을 취할 것을 성명聲明함"이라는 문구를 여러 번 넣었습니다.

23 1860~1926. 외교관, 정치가. 외무대신(제16대·제19대·제26대·제28대), 내각총리대신(제24대) 역임.

이렇게 해서 8월 23일 일본은 독일에 대해 선전포고를 한 것입니다. 이로써 '유럽 전쟁'은 아시아까지 퍼지게 되었고 '세계대전'의 국면으로 접어들게 됩니다.

한편 '세계대전'에 참전한 일본은 9월에는 재빠르게 산둥 성에 군을 상륙시킵니다. 때마침 영국은 일본에게 일본함대를 지중해로 파견해줄 것을 요청했는데 일본은 우선 독일을 제압하는 것이 선결과제라고 판단해 영국의 제안을 거절합니다. 10월에는 해군 제1함대가 적도 이북 독일령 남양군도를 점령하고, 11월에는 육군이 자오저우 만·칭다오靑島, 산둥 성의 지난濟南과 칭다오를 잇는 자오지膠濟 철도의 전선全線을 점령합니다.

이렇게 해서 '세계대전'에서 일본의 '대독전쟁'은 매우 빠른 시점에 그 목적을 달성합니다. 그사이에도 영국은 11월에 일본군을 유럽에 파견해달라는 것과 일본함대를 다르다넬스 해협에 보내달라고 요청했습니다. 하지만 일본은 여기에 응하지 않습니다. 12월에는 영국에 비밀 각서를 보내 적도 이북의 독일령 남양 제도의 영구 보유를 희망한다는 의사 표시를 합니다. 훨씬 뒤인 1917년 2월에야 일본은 지중해에 함대를 파견합니다.

4

·

21개조 요구

제1호~제4호의 요점

제3장 서두에서 말씀드린 것처럼 '세계대전' 중에 일본은 당시 중립을 선언하고 있던 중국에게 '대중^{對中} 21개조 요구'^{이하 '21개조 요구'로 표기}을 불쑥 들이밉니다. 21개조 요구에 대해서는 1958년에 출판된 호리카와 다케오^{堀川武夫}의 저서『극동 국제정치사 서설^{極東政治史序説}』등 상세히 연구한 책이 많으므로 여기서는 요점만 설명하겠습니다.

1914년 12월 3일 외무대신 가토 다카아키는 중국 공사 히오키

에키日置益[24]에게 뤼순·다롄의 조차 기한 연장과 '대독전쟁'에서 점령 결과 산둥 성에 대한 독일의 이권을 양도할 것을 골자로 하여 요구하도록 훈령訓令을 내려 지시했습니다. 다음 달 1915년 1월 18일 히오키 공사는 중국 위안스카이袁世凱[25] 대총통에게 [총]5호로 구성된 「21개조 요구서」를 제출합니다. 그 내용을 항목별로 한 줄 이내로 요약하면 다음과 같습니다. 참고로 원문은 훨씬 길고 매우 어려운 표현으로 되어 있습니다. 관심 있으신 분들은 원문을 찾아보셨으면 합니다.

제1호 산둥 문제에 관한 조약안

　제1조 독일이 갖고 있는 산둥 성에 관한 모든 권리를 일본–독일 협정에서 모두 승인할 것.

　제2조 산둥 성 내·연해 일대와 도서지역을 다른 나라에 양도할 수 없음.

　제3조 즈푸之罘·룽커우龍口·자오저우 만膠州湾에서 지난濟南까지의 철도건설을 일본에 허가할 것.

　제4조 산둥 성 주요도시에 외국인 거주를 허가하고 무역을 위해 시장을 개방할 것.

24 1861~1926. 외교관.
25 1859~1916. 군인, 정치가. 신해혁명 때 청국의 실권을 잡고 임시총통이 됨.

제2호 남만주·동부 내몽골에 관한 조약안

　제1조 뤼순·다롄 조차와 남만주·안펑^{安奉} 철도의 기한을 추가로
　　　　99년씩 연장할 것.

　제2조 일본인이 남만주와 동부 내몽골에서 상공업과 농사 경작에
　　　　필요한 토지의 임차권·소유권을 취득할 수 있게 할 것.

　제3조 일본인이 자유롭게 거주왕래하며 상공업 및 기타 업무에 종
　　　　사할 권리를 승인할 것.

　제4조 광산 채굴권을 일본인에게 허여^{許與}할 것.

　제5조 타국인에게 철도부설권을 양도하거나 자금 제공·조세 담보
　　　　차관 경우가 생길 때는 사전에 일본의 동의를 구할 것.

　제6조 정치·재정·군사 고문에 관해 일본에 협의할 것.

　제7조 지창^{吉長}[창춘^{長春}에서 지린^{吉林}까지 구간] 철도 경영 관리를
　　　　99년간 일본에 위임할 것.

　제1호의 요구는 일본이 독일에서 뺏은 산둥 성 권익에 관한 조
약이고 제2호는 남만주와 동부 내몽골에 관한 조약입니다. 이것
은 '남만동몽^{南滿東蒙}조약'이라고도 불립니다.

　제2호의 요구는 뤼순·다롄의 조차, 남만주·안펑^{安奉} 철도의 기
한을 각각 다시 99년씩 연장할 것, 일본의 자본수출권과 광산채

굴권 취득, 타국으로부터 자금을 공급받거나 차관 제공을 받을 때 일본의 동의가 필요하다는 점, 그리고 정치·재정·군사 고문이 필요한 경우는 사전에 일본과 협의할 것, 창춘에서 지린 구간의 철도 경영 관리를 99년간 일본에 위임할 것이 주된 내용입니다.

21개조 요구 중에 제1호와 제2호가 일본 입장에서는 가장 중요한 항목들이어서 모두 '조약안'으로 되어 있습니다.[26]

제3호 한야평 공사漢冶萍 公司에 관한 취극안取極案

제1조 위 공사는 앞으로 일중 합동으로 경영하며 위 공사의 권리 및 재산 처분은 일본의 동의하에 진행할 것.

제2조 위 공사 주변의 여러 광산 채굴시 일본의 동의가 필요.

제4호 중국 영토 보전을 위한 약정안約定案

중국 연안의 항만·도서島嶼를 일본 이외의 나라에 양도하지 말 것.

제3호는 한야평 공사에 관한 규정입니다. 한야평 공사란 중국 최대의 철강회사인데 이것을 일중 합동회사로 삼아 일본의 동의 없이는 가동시킬 수 없게 했습니다. 게다가 그 주변에 있는 광산 채굴에 대해서도 일본의 동의가 필요하게끔 규정을 만들었습니

---

26 일반적으로 조약(Treaty)이란 가장 정식적인 국제적 합의로 전권을 위임받은 대표가 교섭하여 서명뿐만 아니라 비준(批准) 절차를 필요로 함. 반면 취극(取極)과 약정(約定)은 간략한 형식으로 대표자의 서명만으로 성립하므로 비준을 필요로 하지 않는 경우가 많음.

다. 여러 가지 규정이 포함되어 있는데, 요점은 일본 외의 다른 나라에게 권리를 주지 못하게 하는 요구였습니다.

제4호는 중국 연안 항구와 섬을 일본 외의 다른 나라에 할양하는 것을 인정하지 않는다는 이른바 불할양 요구입니다.

초강경론 제5호

한편 중국 측에서 가장 받아들이기 어려운 요구 내용이 제5호였습니다. 다음은 그 핵심 내용의 일부입니다.

제5호 고문 초빙법 권고 및 기타

첫째, 중앙정부의 정치·재정·군사 고문으로 일본인을 초빙할 것.

둘째, 중국 내지에 일본의 병원·사원·학교 토지소유권을 승인할 것.

셋째, 지방 경찰을 중일 합동으로 배치하며 중국경찰에 일본인을 초빙할 것.

넷째, 일본에서 병기를 공급받으며 중일 합작으로 무기 창고를 설립할 것.

다섯째, 우창과 주장·난창九江·南昌을 연결하는 철도선, 항저우杭州·

차오저우潮州 구간의 철도 부설권을 일본에 허가할 것.

여섯째, 푸젠福建 성의 철도·광산·항만·조선소에 외국자본을 도입

할 경우 먼저 일본과 협의할 것.

일곱째, 중국에서의 일본인의 [불교] 포교권을 인정할 것.

제5호의 첫 번째 항목은 중국정부의 정치·재정·군사 고문을 일본인으로 삼을 것, 두 번째 항목은 중국의 병원·사원·학교의 토지소유권을 일본에 인정할 것, 세 번째 항목은 경찰은 중국과 일본이 공동으로 한다는 것이며, 네 번째 항목은 무기 창고의 설치를, 다섯 번째 항목은 여러 철도 부설권을 일본에게 준다는 것을, 여섯 번째 항목은 푸젠 성에 외국 자본을 도입할 경우 제일 먼저 일본에 협의할 것을, 일곱 번째 항목에서는 중국에서 일본인의 불교 포교권을 인정하도록 요구하는 내용입니다.

이상의 요약내용을 통해서 알 수 있듯이 21개조 요구는 상당히 노골적인 형태로 중국에 대한 일본의 권익을 요구한 것입니다. '세계대전'이 일어났기 때문에 열강의 아시아에 대한 관여가 적어질 수밖에 없는 절호의 찬스를 노려, 일본은 아주 다양한 요구를 중국에게 들이밀었습니다.

이렇게 가혹한 요구를 하면 중국정부뿐만 아니라 중국국민도

크게 반발할 것이 뻔히 예상되었을 테지만 일본은 이 많은 요구를 단호하게 관철시키고자 합니다.

중국의 능란한 외교전

한편 21개조 요구를 중국에 제출한 뒤 일본은 영국·프랑스·러시아·미국 등의 각 열강에게 요구내용을 통지했습니다. 당시에는 열강들 사이에 조약안을 알려주는 것이 관례가 되어 있었습니다.

그런데 이때 일본은 일부러 제5호 요구를 감춘 채로 통고했습니다. 제5호에 포함된 7대 사안은 당시 외교 관례에 비춰봐도 너무도 노골적인 요구였습니다. 일본도 이에 대한 자각이 있었다는 점은 제5호 요구를 열강에게 알릴 때 감춰야만 했다는 사실에서도 드러난다고 할 수 있겠습니다.

중국에서는 평궈장馮國璋[27], 장쭤린[28] 등 군벌의 우두머리가 21개조 요구에 대해 단호히 반대하는 태도를 표명했고, 도쿄에서는 요구가 제출된 다음 달 2,000명의 중국인 유학생이 항의집회를 개최했습니다. 당연히 중국정부도 일본에게 21개조 요구에 대한 대안을 제출합니다.

---

27 1859~1919. 군인, 정치가. 대총통 역임(재임:1917~1918).
28 1873~1928. 군인, 정치가.

때마침 그때 미국의 한 신문 「시카고 헤럴드」가 21개조 요구를 전부 폭로했습니다. 미국에서는 바로 제5호 요구에 대해 일본 정부에게 사실 확인을 했고 일본은 미국·영국·프랑스·러시아에 대해 제5호 요구내용을 통지해야 하는 상황이 됩니다. 영국은 「시카고 헤럴드」 기사가 나오기 전에 이미 제5호 요구내용에 대한 정보를 입수하고 있었고, 일본에 대해 이전 통고 사항에서 그 부분이 빠져 있었던 점은 유감스럽다는 뜻을 표명했습니다.

당연한 일이지만 21개조 요구내용은 중국 측에서 정보를 흘린 것인데 그 부당성을 전 세계에 알리기 위해 능란한 외교전을 펼쳤던 것입니다.

제5호 요구 삭제를 결정

이후 중국에서 항의활동이 활발해집니다. 상하이上海에서는 '국민대일對日동지회'가 결성되어 일본상품 불매운동日貨排斥運動이 퍼집니다. 대총통 위안스카이는 배일운동을 단속하는 대총통령을 발표하지만 운동의 기세는 수그러들지 않습니다.

1915년 2월부터는 일본과 중국 간에 회담이 계속 반복되었고

4월 말 일본 측이 최종수정안을 제출했으나 중국 측은 이를 거부합니다. 일본은 영국으로부터 제5호 요구에 대한 경고가 있었던 것을 고려해서 제5호 요구를 삭제한 최종통첩안을 어전회의에서 결정합니다. 중국 측도 새로이 양보안을 제출했지만 이 어전회의의 결정을 받아들여, 5월 7일에 일본은 중국에 대해 "5월 9일 오전 6시까지"로 시간을 한정해 "제국정부는 필요한 수단을 취해야 할 것임을 여기에 성명聲明함"이라는 문구를 넣어 최후통첩장을 보냅니다.

그사이에도 일본은 만주와 산둥 반도 등 지역에 군軍을 증강 배치해 군사적으로도 중국에 압력을 가해왔습니다. 중국이 일본의 요구를 받아들일 수밖에 없었던 데는 일본의 군사적 위협뿐만 아니라 서양 열강의 권고도 일정 부분 작용했습니다. '유럽 대전' 중이던 영국·프랑스·러시아 등은 중국에게 일본과의 무력충돌을 피해야 한다고 조언했습니다. 이러한 상황 속에서 결국 중국은 5월 9일, 제5호 요구를 삭제한 나머지 전부를 일본의 요구대로 승인합니다.

이후 5월 9일이라는 날은 중국에서는 '국치國恥 기념일'로 중국인들의 마음에 뼈아프게 새겨지게 됩니다. 훗날 1937년 루거우차오 사건이 발생했던 7월 7일, 1931년 '만주사변'이 개시되었던 9월

18일 등도 국치기념일에 포함됩니다. 참고로 국치기념일은 중화민국시대에 존재하던 것으로 지금 중화인민공화국에는 없습니다.

왜 일본은 21개조 요구를 내밀었나

왜 일본은 중국에 대해 이렇게 과도하고 혹독한 요구를 했던 것일까요? 앞서도 얘기했지만, 일본 스스로도 이 요구는 중국국민들로부터 상당한 반발을 불러올 것이라는 것을 충분히 예상한 것이었습니다. 여기서 좀 더 다른 각도에서 생각해보고자 합니다.

일설에는 21개조 요구는 당시 오쿠마 시게노부 내각에서 외무대신이었던 가토 다카아키의 '독주獨走'였다고 합니다. 전전戰前 일본 외교의 특징은 외무성과 육군의 '이중외교'였다고 일컫습니다. 이 이중외교를 해소하는 것이 외무성의 숙원 과제였습니다. 가토의 '독주'로 보는 데에는 외무성이 강한 자세로 교섭을 진행시켜 21개조 요구를 중국이 받아들이게 해 상당히 큰 수확을 얻게 된다면, 이후 외교에서 육군의 간섭을 최소화할 수 있을 것으로 판단한 가토의 계산이 있었다고 해석하는 것입니다.

가토가 내심 이러한 구상을 실제로 품었는지 아닌지 여부는 논외로 하더라도 21개조 요구처럼 과도하고 혹독한 요구를 중국 측에 내밀어도 문제가 없을 것이라고 당시 일본의 지도자들이 판단했었다는 사실은 변함이 없습니다.

21개조 요구 사건으로 일본은 중국뿐만 아니라 구미열강들로부터 '화재 현장 도둑火事場泥棒: 화재 시 혼란을 틈타 부정한 이익을 얻는 자'격이라며 강하게 비난을 받았습니다. 이러한 일본의 행위는 일본외교의 침략성을 상징하고 이후로도 오래도록 기억되며 계속 비난받게 됩니다.

제1장·제2장에서 다뤘던 청일전쟁·의화단전쟁은 중국인의 입장에서 보면 이미 청나라시대 때 일입니다. 그러나 21개조 요구는 신해혁명 후에 성립한 중화민국 시기에 바로 일어난 것이었습니다. 최후통첩을 받기까지 대부분 억지 요구를 계속 내밀었던 역사적 사실에 대해 중국인이 반일감정을 갖게 된 점을 다시금 제대로 인식할 필요가 있습니다.

제4장에서 언급할 5·4운동의 5월 4일이나 21개조 요구의 최후통첩이 전달된 5월 7일, 최후통첩에 굴복해 요구를 수락했던 국치기념일인 5월 9일이 포함된 매년 5월 상순은 중국인 입장에서는 역사인식에 관해 일본에 대한 복잡한 감정을 가지게 되는 시기입니다. 하지만 이 부분에 대해 제2차 세계대전 후 일본인은

거의 의식하지 못하고 있는 것이 아닐는지요. 이 시기를 일본인의 대부분은 황금연휴 기간으로밖에 인식되지 못하는 경우가 많을 것으로 보입니다.

덧붙이자면 일본인이 기억하는 전쟁기념일은 8월 15일이나 12월 8일뿐입니다. 즉 일본이 '만주사변'을 일으킨 9월 18일이나 중일전면전쟁이 시작된 7월 7일을 일본인은 거의 의식하지 못하는 데 비해, 중국인은 '9·18' '7·7'도 한때 국치기념일로 기념하고 있었음을 알아두는 것도 중요할 것입니다.

얘기의 초점이 다소 흐트러지긴 하지만, 또 다른 예로 2012년 당시 일본의 수상이 센카쿠尖閣 열도의 국유화를 '9·18' 직전인 9월 11일이라는 타이밍에 시행했습니다. 이것은 의도하지 않은 결과였겠지만 너무도 역사에 대한 자각이 없음을 그대로 보여준 사례라 할 수 있겠습니다.

제4장

'세계대전': 그 영향

"조선은 짧은 대한제국 시기를 거쳐 러일전쟁에 의해
일본의 식민지가 되고, 1910년 한국병합 후 일본이 태평양전쟁에서
패전하는 1945년까지 완전히 일본의 일부가 된다."

세계대전 경기와
일본사회의 변모

세계대전 호황과 산업·경제

'세계대전' 전후 일본의 국내 상황에 대해서도 간단히 언급해 두겠습니다.

이 시기 일본은 이른바 '대전 경기大戰景氣'시대에 돌입합니다. 전쟁 개시 초기에는 '전쟁 개시 쇼크'에 의해 주가가 대폭락해 불경기에 빠지지만 1915년 후반 무렵부터 주가가 회복하면서 일본에 맹렬한 호경기가 찾아옵니다. 수출 증가로 인한 무역수지는 비약적으로 개선되고 '세계대전' 중 무역외수지의 수취 초과액은

13억 엔에 달했습니다. 그중 해운업이 4분의 3을 차지해 '선박 벼락부자船成金'라는 표현도 생겨납니다.

해운업이 번성하자 조선업도 활기를 띠게 되고 철강업도 활력을 얻습니다. 기계공업, 화학공업, 전력업, 방적업, 제사製絲업·직물업 등의 섬유산업, 제당製糖업, 제분製粉업 등의 각종 산업이 '대전 경기'에 의해 발전하게 되고 이익률도 대폭 상승하고 주식 배당분도 늘어납니다. '선박 벼락부자' '주식 벼락부자' 등 일확천금을 손에 넣는 사람이 주목받았던 것을 생각하면 '벼락부자시대'라는 표현에는 당시의 풍경이 잘 요약되어 있다고 할 수 있습니다.

초기에는 풍작으로 쌀값도 싸고 임금도 심하게 오르지는 않았기 때문에 대재벌뿐만 아니라 중소기업도 많은 이익을 올렸습니다. "미쓰이나 미쓰비시를 압도할 것인가. 그렇지는 못하더라도 그들과 어깨를 나란히 해서 천하를 3등분하리라"(城山三郎, 『鼠』, 文春文庫, 80쪽)라는 기세로 급속히 성장한 상사商社 중 하나가 스즈키 상점이었습니다.

농업에서 공업으로 대폭 인구가 이동하면서 메이지 시대에는 전체인구의 3분의 2를 차지하던 농업인구가 절반 수준까지 낮아지는 현상도 보이기 시작합니다. 공업지대도 형성되었습니다. 외국과의 관계에서는 '세계대전' 전[1914]은 11억 엔의 채무국이던 일본이 '세계대전' 후[1920]에는 27억 엔의 채권국으로 탈바꿈합니다.

니시하라 차관

제2차 오쿠마 내각이 바뀌어 1916년 10월에는 육군대장[元帥] 데라우치 내각이 성립합니다. 21개조 요구에 의해 중국 내에서 항일운동이 극심해졌기 때문에 데라우치 내각은 중국과 관계 개선을 하도록 요구받습니다. 관계 개선을 위해 데라우치가 벌인 활동은 '세계대전' 중 일본 국내에 축적된 자본을 중국으로 투입하는 것이었는데, 데라우치는 실업가 니시하라 가메조[西原亀三][1], 대장대신 쇼다 가즈에[勝田主計][2]와 함께 이를 추진합니다. 데라우치가 조선총독을 지내던 당시 니시하라는 조선에서 공익사[共益社]라는 상사[商社]를 운영하던 터라 데라우치와 니시하라는 서로 잘 아는 사이였습니다.

1917년부터 1918년까지 쇼다와 니시하라는 총 1억 4,500만 엔이라는 거액의 차관을 중국에 제공합니다. '니시하라 차관[3]'이라고 불리는 이 자금은 실제로는 위안스카이가 죽은[1916년 6월] 뒤에 실

---

1 1873~1954. 실업가, 정치가.
2 1869~1948. 관료, 정치가.
3 데라우치 내각이 베이징 단기서 내각과 체결한 2억 4,000만 엔의 차관 중, 특히 데라우치 수상이 사적 관계의 대표자 니시하라 가메조를 통해서 제공한 1억 4,500만 엔을 말함.

권을 장악한 베이징 정부 돤치루이段祺瑞[4]에게 제공된 것이었습니다. 즉 '니시하라 차관'은 명목상으로는 '중일친선日支親善'을 위해 제공되었지만, 실제로는 중국 내부가 북방군벌의 베이징 정부와 남쪽의 혁명정부로 대립이 심화되던 때에 북방군벌의 군사원조에 사용되었습니다.

당시 일본이 중국에 차관을 줄 경우의 공식 루트는 앞부분에서 언급한 5개국 차관단에 참가하고 있던 요코하마 쇼킨 은행을 대표은행으로 해서 이루어졌습니다. 하지만 니시하라 차관은 담당 은행을 니혼코교日本興業 은행, 대만은행, 조선은행의 세 곳으로 바꾸어 세 은행 차관이라는 형태로 비공식으로 이루어졌습니다. 일을 이렇게 진행시킨 배경에는 만약 열강에서 이의가 제기될 경우 이것은 '정부차관'행정차관이 아니라 '경제차관'실업차관이라고 하며 빠져나올 여지를 만들어두기 위함이었습니다. 후자경제차관는 비교적 국제적인 제약이 적었기 때문입니다.

나중에 자세히 언급하겠지만, 데라우치 내각은 쌀소동에 의해 퇴진해야 하는 상황에 내몰리는데 퇴진하는 마지막 날까지 니시하라 차관은 계속되었습니다. 사실상 군사원조인 니시하라 차관은 이후 돤치루이가 실각하면서 거의 회수할 수 없게 되어 비난이 쏟아집니다.

4　1865~1936. 정치가. 위안스카이의 독재정권 확립에 협조. 위안스카이가 죽은 뒤 국무총리 겸 육군총장이 되어 실권 장악.

쇼다 가즈에가 쓴 책 가운데『국화 뿌리 나누기菊の根分け』가 있습니다. '국화', 즉 일본의 세력을 중국에 옮겨 심는다는 의미인데 제목이 제목인 만큼 헌책방에서는 식물학 코너에 꽂혀 있기도 합니다. 쇼다는 이 책에서 "슬슬 국화의 뿌리를 나누는 날이 올 것이다"라고 표현했습니다. 니시하라 가메조도『꿈같은 70여 년夢の七十余年』이라는 자서전을 썼습니다. 이 책에도 '중일 간 경제 제휴의 첫걸음'에서 '물거품이 돼버린 중일친선'까지 당시의 상황이 잘 묘사되어 있습니다.

시베리아 출병

'세계대전' 가운데 일본이 한 일 중 하나 더 언급해야 할 문제는 시베리아 출병입니다.

'세계대전'이 한창이던 1917년 3월 러시아에서 혁명이 일어나 로마노프 왕조가 붕괴합니다. 이후 '빵과 평화'를 요구하며 일어난 11월혁명에 의해 성립한 소비에트 혁명정권은 독일과 강화조약을 맺고 대전에서 철수합니다. 그런데 이 혁명정권을 타도하기 위해 일본·영국·미국·프랑스 등의 연합국이 일으킨 '간섭전쟁'

이 시베리아 출병입니다. 명목상으로는 시베리아 있는 체코슬로바키아군을 구원하기 위해 열강이 나선 것이었습니다. 이것 역시 명칭이 '출병'입니다. 하지만 시베리아 출병의 실태를 보면 일본 입장에서는 '세계대전' 중에 일어난 실질적인 '전쟁'이었다고 보는 편이 적절할 것입니다.

그 실태는 일본의 전시戰時 재정 시스템을 보면 잘 알 수 있습니다. 일본은 독일에 선전포고를 하고 '세계대전'에 참전한 후 바로 임시군사비 특별회계 항목을 설정했는데, 이 특별회계는 '세계대전'이 계속되고 있는 기간을 하나의 회계연도로 삼는다는 것이었습니다. 일본의 시베리아 출병은 '세계대전' 중인 1918년 4월에 시작되었으므로 이것도 '세계대전' 중에 일으킨 군사행동의 일부로 적용되어, 시베리아에서 완전히 철수하는 1925년 4월까지가 하나의 회계연도로 설정되었습니다.

즉 '세계대전'에서 일본의 군사행동이었던 '대독對獨전쟁'과 시베리아 출병은 군사비 경리상 분리되지 않았습니다. 적어도 재정적인 의미에서는 일본 입장에서 '세계대전'이란 '대독전쟁'과 시베리아 출병을 포함한 것이었습니다. 이것은 청일전쟁 때 임시군사비 특별회계에 타이완 정복전쟁시기까지 포함시킨 것과 마찬가지입니다.

시베리아 출병은 데라우치 내각시절인 1918년 4월에 열강과 협의가 시작되어 8월에 일본은 정식으로 시베리아 출병을 선언하고 이후 하라 다카시 내각, 다카하시 고레키요 내각, 가토 도모사부로 내각까지 4년 이상 지속되었습니다. 일본군은 바이칼 호 서부지역인 이르쿠츠크Irkutsk까지 점령합니다. 일본 이외의 나라는 1920년까지는 거의 철병을 끝냈지만 일본은 그 후에도 계속 주둔합니다. 1920년 3월에는 일본군과 거류민 700명 이상이 빨치산 부대에게 학살되는 니콜라옙스크尼港[5] 사건이 발생합니다.

한편 1917년 초반에 독일은 무제한 잠수함 작전을 개시해 그전까지 대전에 참전하지 않던 미국이 독일에 선전포고를 하고 4월에 참전합니다. 1918년 11월에 독일이 항복하는 것으로 '세계대전'이 끝나고, 1919년 6월에 독일과 연합국 간에 베르사유 조약이 체결됩니다. 하지만 일본은 미국을 비롯한 열강의 비판을 무시하며 좀처럼 철병하려 하지 않았습니다.

1922년 6월에 성립한 가토 도모사부로 내각이 겨우 같은 해 10월 말까지 자진 철병할 것을 결정하고 10월에 철병을 '완료'했습니다. 하지만 니콜라옙스크 사건 때 보복조치로 점령하고 있던 북쪽 가라후토 섬에서 일본은 1925년까지 계속 주둔합니다. 앞서 말씀드린 '세계대전'의 임시군사비 특별회계도 북쪽 가라후토

---

5 러시아 차르 정권이 무너진 혼란기를 틈타 시베리아를 점령하기 위해 일본군을 출병을 단행함. 이때 신생 소비에트 공화국 빨치산 부대가 아무르 강 하구의 니콜라옙스크에서 일본군을 학살한 사건을 말함.

섬에서 철수하면서 드디어 마무리됩니다.

쌀소동과 대중운동의 시대

한편 '세계대전'이 중반을 지나면서 물가가 폭등했고 특히 쌀값이 터무니없이 올라 서민생활에 큰 타격을 주었습니다. 1918년 시베리아 출병 때에는 정부가 쌀을 대량으로 사들여 쌀의 매점·매석을 통해 물가를 조절합니다.

7월에 도야마富山 현 어촌지역의 한 주부가 미곡 상인에게 쌀값 인하를 요구한 것이 계기가 되어 각지에서 폭동이 일어나고 전국적으로 파문을 일으킵니다. 이른바 쌀소동입니다. '도야마 지역 한 여성의 투쟁越中女一揆'으로도 불립니다. '세계대전' 중에 급속히 성장한 무역상사 스즈키 상점鈴木商店이 이때 쌀을 사재기했다는 유언비어가 퍼지면서 민중들로부터 방화의 타격이 되어 피해를 입습니다.

그리고 '대전 경기'로 일본의 공업이 비약적으로 발전하면서 공장 노동자가 대폭 증가하게 됩니다. 이에 따라 노동쟁의도 빈번히 일어나게 됩니다. 1917년부터 1919년 사이는 '대大쟁의 단계'라 불리기도 합니다. 주요 쟁의로는 1917년에 일어난 일본제 강소와 미쓰비시 나가사키 조선소의 임금파업을 꼽을 수 있습니다.

'세계대전' 후인 1920년 2월에는 관영이던 야하타 제철소에서도 1만 명 이상의 대규모 파업이 일어납니다. 이때는 스즈키 분지鈴木文治[6]가 결성한 우애회友愛會: 훗날 대일본 노동총동맹 우애회로 명칭 바뀜 등의 활동에 의해 노동조합도 다수 결성되었고, 1919년 9월에는 도쿄시 전철회사 종업원이 일본 교통 노동조합을 결성하고, 1920년 5월에는 우에노 공원에서 일본 최초의 근로자의 날메이데이 집회가 있었습니다.

이러한 파업 형국은 1921년 고베의 미쓰비시·가와사키 두 조선소 대규모 파업 때까지 지속되었습니다.

이 시기는 노동쟁의뿐만 아니라 여성해방운동·부락해방운동·사회주의운동 등 광범위한 대중운동이 발흥한 시대이기도 합니다. 1920년 3월에는 이치가와 후사에市川房枝[7]와 히라즈카 라이초平塚らいてう[8] 등이 신후진쿄카이新婦人協會를, 1921년 4월에는 사카이 마가라堺真柄[9]와 이토 노에伊藤野枝[10] 등이 세키란카이赤瀾会[11]를 결성했습니다.

일본의 부락部落해방운동은 1922년 3월에 교토에서 젠고쿠 스

---

6 1885~1946. 정치가, 노동운동가.
7 1893~1981. 여성 운동가, 정치가.
8 1886~1971. 사상가, 평론가, 작가, 페미니스트. 여성 해방운동가.
9 1903~1983. 사회주의자, 여성 운동가, 페미니스트.
10 1895~1923. 여성 해방운동가, 작가.
11 모임의 명칭인 '세키란(赤瀾)'은 잔물결을 의미. 사회주의운동의 흐름 속에 자그마한 잔물결 정도를 일으키고자 하는 염원을 담은 것임. 일부 인텔리 여성에 의한 운동이 아니라 노동자 계급의 여성에게도 참가를 호소한 것이 특징임.

이헤이샤全国水平社[12] 창립을 계기로 시작됐습니다. 창립대회에서는 사이코 만키치西光万吉[13]가 기초起草한 원고인 "세상에는 뜨거움이 있으며 인간에게는 빛이 있으니"라는 「스이헤이샤 선언」이 낭독되었습니다.

대역사건 이후 '암흑기'를 걷고 있던 사회주의운동도 노동쟁의가 일어나고 요시노 사쿠조吉野作造[14]의 '민본주의民本主義'를 계기로 하는 보통선거운동이 열기를 띠고, 호헌옹호운동과 평민 재상인 하라 다카시의 탄생으로 연결되는 '다이쇼 데모크라시'와 같은 시대 분위기에서 서서히 부활합니다. 1920년 12월에는 대역사건에서 살아남은 사카이 도시히코·오스기 사카에 등이 일본사회주의동맹을 결성합니다. 참고로 1922년 7월에 결성된 일본공산당은 아직은 비합법적인 상황에서 출범한 것이었습니다.

12 1922년 3월에 결성된 부락해방운동 단체. 약칭은 젠스이(全水) 또는 스이헤이샤.
13 1895~1970. 부락 해방운동가, 사회운동가. 저술가.
14 1878~1933. 정치학자, 사상가, 도쿄 제국대학 교수. 민본주의 제창.

2

강화에서 군축으로

베르사유에서 워싱턴으로

쌀소동으로 데라우치 내각이 무너진 다음 1918년 9월에 하라 다카시가 최초의 평민 재상이 되어 내각을 조직합니다. 하라는 각의에서 바로 시베리아 출병을 바이칼 호에서 서쪽으로는 진출하지 않을 것을 정하고 연말에는 중국에 대한 차관과 재정을 원조하고 시베리아 출자를 단속하는 방침을 발표하고 1919년 1월부터 열리고 있던 파리강화회의에는 전권全權으로 사이온지 긴모치와 마키노 노부아키牧野伸顕[15]를 보냅니다.

---

15 1861~1949. 정치가, 오쿠보 도시미치의 차남. 문부성 대신, 농상무성 대신, 외무대신 등을 역임.

이 회의에서 6월에는 독일과 연합국 간에 베르사유 강화조약이 조인됩니다. 그 요점은 영토할양과 거액의 배상금 등으로 독일 입장에서는 매우 혹독한 내용이었다는 점, 미국 대통령 윌슨이 제창한 '14개조 평화원칙'에 입각해 국제연맹이 설치되고 노동문제 및 기타 다양한 문제에 대한 협정이 체결된 것이 주요 골자입니다. 이 베르사유 조약에서 일본은 21개조 요구의 제1호였던 산둥 문제에 대해 열강의 지지 속에 권익을 계속 보유하는 데 성공합니다. 이 내용은 중국 입장에서 보면 가혹한 것이었으므로 중국은 조약 조인을 거부합니다.

이렇게 해서 '세계대전'이 끝났습니다. 하지만 연합국 각국은 이후에도 계속해서 군비를 확장했고 특히 일본·미국·영국 간에는 불꽃 튀는 '건함建艦 경쟁'이 이어집니다. 그러나 이것은 각국의 재정을 심하게 악화시키는 것이었으므로 해군 군비축소 정책을 단행시킬 필요가 있었습니다.

그러던 중에 미국 대통령 하딩Warren Gamaliel Harding[16]의 제안으로 1921년 11월부터 1922년 2월까지 미국 워싱턴에서 일본·영국·미국·프랑스·이탈리아·중국·벨기에·네덜란드·포르투갈 등의 9개국이 참가한 군축회의가 진행됩니다. 하라는 워싱턴 회의의 전권全權으로 가토 도모사부로加藤友三郎[17]·도쿠가와 이에사토德川家達[18]·

---

16 1865~1923. 미국 제29대 대통령(재임: 1921.3~1923.8).
17 1861~1923. 해군 군인, 정치가. 해군대신(제20대~제24대), 내각총리대신(제21대) 역임.
18 1863~1940. 도쿠가와 쇼군 가문(德川宗家)의 제16대 당주(當主).

시데하라 기주로^{幣原喜重郎}[19]를 파견합니다. 이 회의 결과 영국·미국·일본·프랑스·이탈리아 5개국 주력함의 보유량 비율을 각각 5 대 5 대 3 대 1.75 대 1.75로 정합니다^{워싱턴 해군군축조약}.

이 워싱턴 회의는 국제질서 차원뿐만 아니라 일본 입장에서도 커다란 전환점이 되었습니다. 먼저 회의 개최지가 '세계대전'의 강화회의가 열렸던 프랑스 파리에서 미국 워싱턴으로 바뀐 점이 상징적입니다. 이때부터 미국이 주도권을 쥐고 국제회의를 여는 시대가 본격적으로 시작됩니다.

일본의 입장에서도 워싱턴 회의는 해군군축 이외에도 매우 중요한 의미를 지녔습니다. 워싱턴 회의에서는 해군군축조약 이외에 미국·영국·프랑스·일본의 4개국 간에 태평양 섬 지역에 관한 '4개국 조약'이 체결되었습니다. 그런데 이 조약의 제4조 규정에 의해 1902년부터 지속되어오던 영일동맹도 여기서 끝을 맺습니다.

이 시점부터 일본은 영국이라는 동맹국을 잃고 해도^{海圖} 없는 항해를 하게 됩니다. 의화단전쟁에서 벌인 활약으로 대영제국의 '주니어 파트너'로 자리매김한 이래 영국을 방패막 삼아 국제적인 지위의 향상을 꾀해오던 일본의 20년 세월은 이렇게 막을 내립니다.

또한 일본은 미국·벨기에·영국·중국·프랑스·이탈리아·네덜

---

19 1872~1951. 외교관, 정치가, 외무대신 역임.

란드·포르투갈 등과 '9개국 조약'을 맺습니다만, 이 조약에서도 미국이 중국에 대한 '문호개방·기회균등'을 외치면서 일본은 산둥 성 권익 등 21개조 요구와 베르사유 조약에서 얻었던 것을 반환하게 됩니다. '9개국 조약'은 정식 명칭이 '중국에 관한 9개국 조약'인데, 이 이름에서도 알 수 있듯이 일본이 중국으로 진출하는 것을 억제하기 위한 조약이었습니다.

미국에서 워싱턴 회의가 열리고 있을 때 일본에서는 하라 다카시 수상이 도쿄 역 남쪽 출구에서 나카오카 곤이치中岡艮一[20]에게 찔려 죽는 사건이 발생합니다. 1921년 11월 4일의 일이었습니다. 당시 그전부터 건강이 좋지 않았던 다이쇼 천황을 생각해 섭정을 두려던 중이었고, 이른바 섭정취임 준비의 일환으로 1921년 3월부터 9월까지 황태자인 히로히토裕仁 친왕이 유럽 방문여행으로 국민적인 인기를 모으고 있던 때였습니다. 하라가 저격당한 때는 히로히토 친왕의 섭정취임 직전이었던 것입니다.

같은 해 11월 25일 황태자 히로히토 친왕은 황실 전범典範 제19조에 의해 섭정에 취임하고 섭정궁攝政宮 전하殿下로 불리게 됩니다. 이때부터 천황으로 재임했던 기간을 포함하면 1989년 1월 7일까지 통산 68년의 긴 세월을 정무에 관여한 셈입니다.

---

20 1903~1980. 철도 노동자.

가토 도모사부로 선언서 '미일전쟁은 불가능'

한편 일본은 워싱턴 군축조약에서 영·미·일 간에 군함 비율을 5 대 5 대 3으로 하는 안을 받아들였는데 워싱턴 회의에 파견된 전권全權은 당시 하라 수상에게 깊이 신뢰받던 해군대신 가토 도모사부로였습니다. 그는 러일전쟁 때 연합함대 참모장 겸 제1함대 참모장으로 전함 미카사三笠의 함교艦橋에 서서 참모 아키야마 사네유키의 상사로써 전선을 지휘했으며 해군증강을 위해 '8·8함대'[21] 계획을 추진하기도 했던 사람입니다.

군비증강을 외치던 가토가 이 군축안에 대해서는 적극적으로 찬성했습니다. 왜 일본은 워싱턴 군축안을 받아들였을까요? 이 질문에 대한 힌트가 다음 문서 속에 담겨 있습니다. 가토는 워싱턴 회의가 진행 중일 때 먼저 귀국하는 해군중좌 호리 데키치堀悌吉[22] 편에 부탁한 이데 겐지井出謙治[23] 해군차관에게 전한 문서 속에 매우 흥미로운 기술이 있으므로 여기서 소개해보겠습니다.

그 문서에서 가토는 먼저 "나라를 지키는 일國防은 군인의 전유물이 아니며" "쉽게 말해 돈이 없으면 전쟁은 불가능하다"고 단언하며 다음과 같이 이어갑니다.

---

21 전함(戰艦) 8척과 순양전함(巡洋戰艦) 8척을 근간으로 하는 함대 정비.
22 1883~1959. 해군 군인.
23 1870~1946. 해군 군인.

전후戰後 러시아와 독일이 이렇게 된 지금 일본과 전쟁을 할 가능성이 있는 나라는 미국뿐이다. 가령 [일본이] 군비軍備상으로는 미국에 대응할 만한 힘이 있다고 가정하더라도 러일전쟁 때와 같이 적은 자본으로는 전쟁이 불가능하다. 그런데 [만약 돈을 보충해 전쟁을 하려 한다면] 일본에게 외채를 빌려줄 수 있는 나라는 미국 이외에 없다. 그런데 그 미국이 적敵일 경우 외채를 빌릴 길이 막혀버리므로 일본은 자력으로는 군자금을 마련할 수 없게 된다. 이 각오가 없는 한 전쟁은 불가능하다. 영국과 프랑스가 있다고 한들 의지할 곳이 되지 못한다. 이 논리대로라면 결론적으로 미일전쟁은 불가능한 것이다(稻葉正夫 他編,『太平洋戰爭への道』, 別巻·資料編, 朝日新聞社, 1963, 3쪽).

이러한 결단에 입각해 일본 전권단은 해군군축조약에 조인했던 것입니다.

3

3·1운동과 5·4운동

조선의 3·1독립만세운동

시기적으로는 다소 들쑥날쑥합니다만, 한국병합 이후의 조선, 21개조 요구 이후의 중국 상황에 대해 살펴보겠습니다.

1910년 한국병합 후 조선총독은 육·해군 대장 출신 중에서 선발되어 천황에게 직접 예속되면서 군사·행정·입법·사법·교육 등 모든 분야에 걸쳐 절대적인 권한을 장악하며 헌병과 경찰이 하나가 되었습니다. 육군대신 겸임인 채로 총독에 취임했던 초대총독 데라우치 마사타케 아래 강압적인 헌병정치·무단정치가 전개되면서 조선은 실질적으로 군정하에 놓입니다. 조선인에게 언론·집회·결사의 자유는 물론 조금이라도 반일운동을 하려는 조짐이 보이면 강압적으로 진압했습니다.

다른 한편에서는 토지조사사업과 임야조사사업이 착착 진행되었고 소유권을 신고하지 않으면 국유화하는 방법으로 신고에 익숙하지 않은 조선인들의 재산을 몰수했습니다.

이러한 모든 정책에 대한 불만이 '세계대전' 종료 후인 1919년에 3·1독립운동으로 폭발하게 됩니다. 1919년 3월 1일 서울 시내에서 종교지도자 33명이 대표가 되어 「독립선언서」를 낭독하고 "대한독립만세"를 외치는 3·1독립만세운동이 일어났습니다. 이 운동의 열기는 금세 전국으로 확산됩니다.

이처럼 대규모의 반일운동이 일어나자 조선총독부는 철저히 탄압을 가합니다. 일설에 따르면 이때 조선인 사망자는 7,645명, 부상자는 4만 5,562명, 감옥에 갇힌 자는 4만 9,811명, 불탄 집이 724채에 달했다고 합니다(『日本大百科全書』). 그중에서도 유명한 것이 수원군에서 일어난 제암리사건입니다. 일본경찰이 약 30명의 마을사람들을 교회에 가두고 학살·방화한 사건으로 외국에도 보도되었고 한국에서는 모르는 사람이 없을 정도로 유명한 사건이지만 일본인 사이에서는 아는 사람이 거의 없습니다.

이 3·1운동은 기존의 일본의 조선지배정책에 변경을 가했습니다. 총독 자리에 해군대장 사이토 마코토齋藤實[24]를 기용하고 병합후의 '무단정치'로 일관해오던 것을 '문화정치'로 전환해 헌병경찰을 보통경찰로 바꾸고, 일본인 관리나 교원이 검劒을 차는 것도 없애고, 출판·집회·결사의 자유를 일부 용인하고, 노골적인 무력행사를 다소 억제하는 방향으로 전환합니다.

중국의 배일 '5·4운동'

제3장에서 살펴본 것처럼 '세계대전'이 한참 일어나고 있던 때에 중국에 내밀었던 21개조 요구에 의해 일본은 중국에게 결정적인 반일감정을 심게 되는데, 1915년 5월 9일 중국 측이 일본의 최후통첩을 받아들인 이후 한커우漢口에서는 일본 상점이 습격당하고 미쓰비시 지점이 방화되는 일들이 벌어집니다. 1915년 5월 25일에는 21개조 요구에 기반한 화일華日조약과 교환공문이 조인되고 6월 8일에 비준서가 교환됩니다. 하지만 이후에도 일본을 배척하는 배일운동은 수그러들지 않아 위안스카이는 재차 일본상품 불매운동을 단속하는 대총통령을 발표합니다.

---

[24] 1858~1936. 해군 군인, 정치가. 해군대신(제14대~제18대), 조선총독(제3대·제5대), 내각총리대신(제30대) 등을 역임.

앞서 말씀드린 것처럼 '세계대전' 후 베르사유 강화회의에서 일본은 21개조 요구의 제1호에 기술된 산둥 성 이권을 계속해서 보유하도록 열강으로부터 승인을 받습니다. 그런데 이것이 발표되자마자 1919년 5월 4일 베이징에서 학생들이 시위행진을 벌입니다. 이를 시작으로 중국 전역에서 국민대회나 일본상품 배척운동, 일본계열 방적공장에서의 파업 등 맹렬한 배일운동이 전개됩니다. 이것이 이른바 5·4운동입니다. 이 운동의 결과 중국정부는 베르사유 조약 조인을 거부하게 됩니다.

중국 국내 배일운동은 이후에도 계속되자 일본은 사태를 진정시키기 위해 1922년 2월에 행한 워싱턴 군축회의 전권대사 시데하라 기주로가 21개조 요구 제5호의 요구를 정식으로 철회하고그때까지는 방치된 상태, 만주와 몽골 투자우선권도 포기할 것을 발표합니다.

1923년 2월에 쑨원이 광둥廣東으로 돌아와 대원수大元帥가 되고 제3차 광둥 정부를 만들지만, 3월에는 뤼순·다롄 회수를 요구하는 배일운동이 절정을 이루면서 중국정부는 21개조 조약을 폐기하겠다고 일본에 통고합니다. 이때 중국은 21개조 요구와 관련된 중일 간 조약과 공문이 "중일친선의 최대장애"가 된다며 이것을 "즉시 전부 폐기"할 것을 발표합니다. 일본 측은 이를 인정하지 않는다고 답변했습니다.

하지만 같은 해 6월에는 중-일 사이를 운행하는 기선汽船이 창사長沙에 입항했을 때 학생들을 중심으로 배일폭동이 일어납니다. 그러면서 폭동을 진압하기 위해 상륙했던 일본육전대와 충돌하는 사건長沙事件이 발생해 중국 각지의 배일운동이 더욱 격해집니다.

청일전쟁 이후 일본이 중국에 대해 취했던 태도를 되짚어보면 시모노세키 조약에서 21개조 요구에 이르기까지 기본적으로는 일본의 탐욕을 드러내며 중국에서 이권을 획득하려는 역사였다고 보는 것이 저의 감상입니다. 하지만 그중에서도 이 21개조 요구가 중국-일본 간에 뿌리 깊은 적대의식의 근원이 되었다는 점을 간과해서는 안 될 것입니다.

근대일본의 군사행동과 조선·중국

근대일본이 일으킨 전쟁의 경과를 돌아보면 일본의 군사행동이나 외교정책이 조선이나 청나라·중국에 미친 영향이 매우 컸음을 잘 알 수 있습니다.

조선은 짧은 대한제국 시기를 거쳐 러일전쟁에 의해 사실상 일본의 식민지가 되고 1910년 한국병합 후 일본이 태평양전쟁에서 패전하는 1945년까지 완전히 일본의 일부가 됩니다.

청나라는 시모노세키 조약과 의화단전쟁에 의해 여러 열강의 분할 경쟁의 희생양이 되고 여러 제국주의 국가에 의해 분할 지배되는 반식민지 상태에 놓입니다. 신해혁명에 의한 청조붕괴와 중화민국 성립 후에도 남북 양 정부의 대립과 군벌지배로 인한 중국 국내 정치는 안정되지 못하고 외국과의 관계에서도 반식민지 상태가 쉽게 해소되지 않았습니다.

중국은 1922년 4월 쑨원이 주도한 제1차 북벌은 실패하지만 1924년 1월에는 국민당과 공산당이 제1차 국공합작을 결성하고 같은 해 9월 쑨원은 제2차 북벌을 선언합니다. 1925년 3월에 쑨원은 죽습니다만, 1926년 7월에는 장제스가 국민혁명군 총사령에 취임해 제3차 북벌에서 9월에 한양漢陽·한커우, 10월에는 우창, 11월에는 주장九江·난창南昌을 점령했고, 이듬해 1927년 3월에 난징을 점령하고, 4월 12일에 상하이에서 장제스의 반공 쿠데타를 일으킨 뒤 우한武漢과 난징으로 두 개 정부가 분립됩니다.

4

폭풍이 스쳐간 뒤

버블 붕괴와 1920년 전후공황

일본은 '대전경기大戰景氣'로 경기가 활성화되었지만 '세계대전'
이 끝나자 이른바 '휴전 쇼크'로 인해 주가가 폭락합니다. 그런데
1919년 후반부터는 주가가 다시 상승해 대전 기간을 웃도는 맹
렬한 '열광적 호경기'에 돌입합니다. 이것이 오늘날 흔히 말하는
'버블'인데, 거품이 꺼지는 것도 빨라서 이듬해 1920년 3월 15일
주식 대폭락을 계기로 '전후공황'이 일본사회를 엄습해옵니다.
이때 대전 중에 크게 이익을 본 회사나 이류·삼류 재벌 등의 대

부분이 휘청거리게 되고 기업이 도산하며 은행 고객이 대규모로 예금을 찾아가려는 '뱅크런bank run' 소동이 계속해서 발생합니다.

'전후공황'의 원인은 전쟁을 끝낸 열강들이 해외수출을 늘리려는 정책을 폄으로써 대전 중에 이른바 '어부지리'로 이익을 내고 있던 일본에 대한 수출이 감소한 것과, 대전시기부터 계속되어 오던 과잉생산과 '버블'의 반동에 따른 것이었습니다. 그 후로도 1922년 2월, 10월, 11월, 1923년 7월 소규모 은행들이 흔들리기 시작했습니다.

간토 대지진과 진재어음

1923년 9월 1일 가나가와神奈川 현 서부지역을 진원지로 하는 진도 7.9의 대지진이 발생했습니다. 바로 간토 대지진입니다. 요코하마·도쿄를 비롯한 대도시에 큰 피해가 발생하고 지진 후의 화재로 인한 피해가 확대되었습니다. 사망자·행방불명자 10만 5,000명, 주택 전멸 10만 9,000건, 주택 일부 피해 10만 2,000건, 소실 21만 2,000건이라는 거대한 피해였고, 간토 지역 연안에는 쓰나미가 습격해 아타미熱海에는 파도 높이가 12미터에 달했습니

다(国立天文台, 『理科年表』所載「日本付近のおもな被害地震年代表」, 2013년판, 720~753쪽, 742쪽 참조). 심한 흔들림에 놀라고 화재 화염에 쫓겨 수도 기능은 마비되고 맙니다. 이렇게 소란스러운 가운데 정부나 매스컴이 퍼뜨린 유언비어에 의해 많은 조선인이 자경단自警團과 민중에 의해 학살되는 사건이 대대적으로 발생합니다. 혼란 수습을 위해 정부는 계엄령을 내립니다.

계엄령이 내려진 상황에서 군·관헌에 의한 사회주의 탄압사건도 일어납니다. 그중에서도 유명한 것은 도쿄의 가메이도亀戸 지역에서 사회운동가 열 명이 군부대에 살해되는 가메이도 사건, 오스기 사카에와 그의 내연녀였던 이토 노에伊藤野枝와 조카가 헌병에게 연행돼 학살되는 오스기 사건입니다.(하수인은 헌병대위 아마카스 마사히코甘粕正彦[25] 등).

지진 직후에는 제2차 야마모토 곤베 내각이 성립합니다. 그런데 일본경제 중추부인 게이힌京浜: 도쿄와 요코하마 지방이 큰 타격을 받았기 때문에 지불기한이 임박한 어음에 대해서는 우선적 조치로 30일간 지불연기령모라토리엄, 지불유예이 시행됩니다. 이 '진재震災어음'을 은행에 들고 가면 은행은 이것을 할인가격으로 사줍니다. 그 어음을 사들인 은행은 그 어음을 일본은행日銀으로 들고 가면 일본은행이 다시 할인해서 사들이고, 이로 입은 일본은행의 손실은

---

[25] 1891~1945. 육군 군인. 만주에서 관동군으로 활동. 만주영화협회이사장 역임.

정부가 보상하는 시스템을 만들어 어떻게 해서든 위기를 극복하고자 노력합니다.

이때 일본은행의 보장액은 4억 3,000만 엔에 달했습니다. 일본은행은 이것 외에도 대규모 특별융자를 했는데 이 진재어음에 대한 부담이 이후 일본경제를 짓누르게 됩니다.

1927년 금융공황과 산둥 출병

이보다 앞선 시기의 얘기가 됩니다만 '세계대전' 말기인 1917년 7월 미국의 금본위제도 정지정책을 본떠 일본도 금본위제도를 정지합니다. 미국은 대전이 끝나자 바로 금본위제도로 복귀하지만 일본은 복귀하지 않습니다. 그런데 간토 대지진 이후에는 진재어음의 중압이 더해져서 복귀하려 해도 복귀할 수 없는 궁지에 몰립니다.

지진 직후에 성립된 '지진내각'이라고도 불렸던 야마모토 곤베 내각은 1923년 난바 다이스케難波大助, 당시 25세[26]가 섭정궁 히로히토 친왕을 저격하는 도라노몬虎の門 사건이 발생해 겨우 4개월 만에 퇴진했습니다. 그런데 이듬해 1월에 기요우라 게이고清浦圭吾[27]

---

26 1899~1924. 공산주의자. 극단적인 테러리스트. 천황제를 부정, 암살 시도. 대역죄로 사형됨.
27 1850~1942. 사법관료, 정치가. 사법대신, 농상무대신, 내무대신, 내각총리대신(제23대) 등을 역임.

내각이 성립하자 특권 내각 반대를 외치는 정우회·헌정회·혁신 구락부의 호헌삼파에 의한 제2차 호헌옹호운동이 열기를 띠면서 6월에는 호헌삼파내각제1차 가토 다카아키 내각이 성립합니다.

이듬해 8월에는 헌정회 단독 내각제2차 가토 다카아키 내각으로 교체되고, 게다가 1926년 1월부터는 와카쓰키 레이지로若槻礼次郎[28] 내각이 됩니다. 하지만 이들 내각은 경제를 재건하기 위해 금본위제도로 복귀할 것을 목표로 내세워 금해금金解禁[29] 준비에 돌입합니다.

이를 위해서는 금본위제도를 정지시켰던 기간에 가격이 떨어진 엔 환율 가치를 조금씩 올려야 했습니다. 방만해져버린 국가의 살림살이를 허리띠를 졸라매고 꾸려나가야 하는 이른바 긴축정책을 각오해야 하는 상황이 되었습니다.

그 과정에서 근본적으로 해결해야 할 문제가 '진재어음' 처리였습니다. 그러나 의회에서 진재어음 선후처리법안 등 대책이 심의되고 있는 도중에 1927년 3월 15일 도쿄 와타나베 은행과 그 계열사 '아카지 저축은행あかぢ貯蓄銀行'이 파산해 휴업하는 상황이 발생합니다. 뒤이어 19일에는 나카이中井 은행, 22일에는 무라이村井 은행·소우다左右田 은행·나카자와中沢 은행·하치주욘八十四 은행 등 게이힌 지역의 중소은행은 예금자가 필사적으로 자신의 예금을 인출하고자 은행에 몰려드는 뱅크런 사태로 줄지어 휴업합니다.

---

28 1866~1949. 관료, 정치가. 대장대신(제18대·제20대), 내무대신(제41대·제42대), 내각총리대신(제25대·제28대) 등을 역임.

29 금수출 허가제를 폐지하고 금본위제로 돌아가는 것을 의미. 〈관련지식: 제1차 세계대전 이전 서양의 주요국가의 대부분은 금본위제를 채택. 금본위제도에서는 태환지폐兌換紙幣를 자유롭게 금으로 교환 가능. 제1차 세계대전 발발 후 금의 국외유출이 우려되자 1917년 미국이 금으로 태환하는 것을 일시적으로 정지했고 금수출을 금지할 것을 발표. 그로부터 이틀 뒤인 9월 12일에 일본정부도 허가받은 후 금을 수출할 수 있게 하는 금수출 허가제를 도입. 하지만 실제로는 허가를 해주지 않았기 때문에 사실상 금수출 금지정책이었음.〉

여기서 문제가 된 것이 '세계대전' 중에도 잘나가던 무역상사 스즈키 상점입니다. 실은 1920년 전후공황 때에도 상당한 타격을 받았습니다만 이를 숨기고 진재어음 형태로 보상받으며 겨우 연명했다고 합니다. 원래 타이완의 장뇌나 설탕으로 무역 거래를 시작했기 때문에 매일매일 자금조달이 어려워지게 되면 대만은행에서 자금을 융통받아서 운영해온 상태였습니다.

대만은행도 곤란하기는 마찬가지였습니다. 그때까지 스즈키 상점에 상당히 많은 양을 대부해준 상태였기 때문에 스즈키 상점이 자금을 빌려달라고 하면 더 이상 거절할 수 없는 상황이 되어 있었습니다. 왜냐하면 대만은행이 추가 대부를 거절해서 스즈키 상점이 도산하게 되면 대만은행도 파산 위기에 내몰리기 때문입니다. 스즈키 상점에 돈을 빌려주면 조속한 시일 내에 갚을 가능성은 거의 없어 보이지만 이미 계속 빌려줄 수밖에 없었습니다. 미쓰이 은행이나 다른 은행으로부터 콜머니[30]라는 아주 단기간의—내일 갚으라고 하면 바로 갚아야 하는—자금을 빌려서 스즈키 상점에 계속 자금을 대부하는 형태로 매일을 버티고 있었습니다.

그러나 결국 이것마저 어떻게 할 수 없는 지경에 이르러 3월 26일 대만은행은 스즈키 상점에 신규대출 정지 결정을 통지합니다.

30 은행 간의 단기 차입금.

이러한 사안은 경제 문제이자 동시에 정치 문제이기도 해서 3월 하순이 되면 중국 정세와도 긴밀하게 연결됩니다. 앞서 말씀 드린 것처럼 신해혁명 후 중국은 북방정권과 남방정권으로 양분 되어 대립하고 남방혁명군은 두 차례 정도 북벌을 시도했지만 성 공하지 못했습니다.

그러나 1926년 7월 개시된 제3차 북벌에서는 9월에 우한을 점 령하고 1927년 3월 24일에는 난징을 점령합니다. 각국 영사관이 습격당하고 영국이나 미국 군함이 난징 시내를 포격하는 난징 사 건이 일어났습니다.

이때 일본도 포격에 참가하도록 권유받지만 당시 외무대신이 었던 시데하라 기주로는 참가를 거절합니다. 이른바 국제협조노 선을 추구하는 '시데하라 외교' 방침에 입각해 대응합니다. 4월 3일에는 한커우에서 일본의 육전대陸戰隊와 중국인이 충돌하는 한 커우 사건이 발생하는데, 6일에 시데하라는 난징 사건을 외교로 해결하고 무력으로 진압하지 않겠다는 방침을 발표합니다.

이러한 중에 4월 8일에는 고베 시 다이로쿠주고第六十五 은행이 휴업에 내몰리자 주식시장은 크게 타격을 받습니다. 이 은행은 스즈키 상점 계열의 은행이었습니다. 13일 각의에서는 대만은행 을 구제하기 위해 일본은행이 대만은행에 비상대출과 손실보상을 하도록 하는 대만은행 구제긴급칙령안을 결정합니다.

긴급칙령은 추밀원에서 가결되지 않으면 안 되었습니다. 그런데 17일 추밀원 회의에서는 이토 미요지를 중심으로 하는 추밀원 고문들이 금융공황보다 중국 문제에 대한 와카쓰키 내각과 시데하라 외교 자세 공격을 우선시하다가 결국 긴급칙령안이 부결되고 맙니다. 와카쓰키 내각은 즉시 총사직하고 다음 날 18일 대만은행은 타이완에 있는 점포를 제외한 모든 지점이 휴업하게 됩니다.

이날 오사카의 오우미近江 은행도 휴업했고 대만은행의 모든 지점은 뱅크런 상황이 됩니다.

4월 20일에 다나카 기이치田中義一³¹ 정우회 내각이 성립하고 대장대신에는 베테랑 다카하시 고레키요가 기용됩니다. 하지만 다음 달 4월 21일에 당시 6대 은행 가운데 하나였던 궁내청의 주거래 은행이던 주고十五 은행마저 휴업하는 상황에 발생하면서 뱅크런 사태는 더욱 극심하게 전국적으로 확산됩니다.

결국 4월 22일 전국 모든 은행이 이틀간 일제히 휴업하게 됩니다. 24일 일요일은 포함하면 실질적으로는 3일 동안 은행은 창구를 닫았습니다. 일본은행이 대출해준 금액은 20억 엔을 넘어섰고 평소 거래처 이외의 은행에도 원조를 했습니다. 전국 은행 휴업

---

31 1864~1929. 육군 군인, 정치가. 육군대신, 내각총리대신(제26대), 척무대신(초대) 등을 역임.

이 끝난 4월 25일을 대비해 일본은행권을 필사적으로 증쇄했습니다.

당시 최고액 지폐가 100엔이었습니다. 그런데 이 100엔권을 발행하는 데에도 시간이 부족해서 앞면만 인쇄하고 뒷면은 백지 상태인, 이른바 '뒷면 백지 200엔권'을 만들어 휴업기간 중 전국 은행으로 발송했습니다. 지폐 발송과 동시에 4월 22일에는 3주 동안 [모든 채무관계에 대해] 지불을 연기하라고 지시한 모라토리엄이 즉시 시행됩니다.

4월 25일 전국 은행은 휴업을 끝내고 잔뜩 마음을 졸이며 영업을 재개했습니다. 앞다퉈 출금하는 사태는 발생하지 않고 금융공황은 종식되었습니다. 하지만 진재어음에 의한 특별융통을 처리해서 금해금 준비를 하려고 했던 정책이 오히려 특별융통을 대규모로 해야 하는 결과가 되어버렸습니다. 은행과 재계의 동요는 진정되고, 다카하시 고레키요 대신도 그 자리를 미쓰치 주조三土忠造[32]에게 넘기고는 재빨리 물러납니다.

일본은 다나카 기이치 내각 시절이던 1927년부터 1928년에 걸쳐 외국에 거주하는 자국민의 보호를 명목으로 세 번에 걸쳐 산둥 성에 출병했습니다. 제2차 출병 때인 1928년 5월 3일에는 북벌을 재개한 국민혁명군과 일본군이 지난濟南에서 충돌하는 이른

---

32 1871~1948. 정치가. 내무대신, 철도대신, 체신대신 등을 역임.

바 지난 사건이 일어났고, 곧바로 제3차 출병이 이루어집니다. 국민혁명군은 지난을 우회해 6월 9일 베이징으로 입성하면서 북벌은 거의 완료됩니다.

이로써 중국은 긴 과정을 거쳐 우여곡절 끝에 일단 국내통일로 향하는 계기를 마련합니다. 그러나 같은 해 일본은 장쭤린 폭살 사건을 일으키고 쇼와 공황 상태이던 1931년에 '만주사변'을 일으키고, 1937년에는 루거우차오 사건을 계기로 중일전면전쟁이 시작됩니다.

금해금金解禁과 1929년 쇼와 공황

1929년 7월 입헌민정당의 하마구치 오사치浜口雄幸[33] 내각이 성립합니다. 외무대신에는 시데하라 기주로를, 대장대신에는 이노우에 준노스케井上準之助[34]를 임명했는데, 시데하라 외교와 이노우에 재정이 이 내각의 간판이었습니다. 정책의 기본방침은 중일간 외교 쇄신, 군비 축소, 재정 정리 긴축, 금수출을 금지하던 정책을 바꾸었고, 나아가 사회정책의 확립, 국제차관 개선, 관세 개정, 세제税制 정리, 농어촌산촌 경제 개선, 금융제도 개선 등이 목

---

33 1870~1931. 정치가, 관료. 대장대신(제29대·제30대), 내무대신(제43대), 내각총리대신(제27대) 등을 역임.
34 1869~1932. 정치가, 재정가. 일본은행총재(제9대·제11대), 대장대신 역임.

표로 제시되었습니다.

시데하라 외교의 성과로는 런던 군축회의에서 군축조약에 조인한 것이었습니다. 이때는 추밀원도 조약에 찬성하게 했습니다. 하지만 해군 내부에서는 '조약파'와 '함대파'가 대립하며 '통수권 침범 문제'[35]로 불거지기도 하는 등 정치적인 면에서는 문제가 많았지만 과제는 달성했던 셈이었습니다.

이노우에 재정 쪽의 성과는 어떠했을까요? 하마구치 내각의 제10대 정강政綱성명1929년 7월 9일에는 다음과 같이 기술되어 있습니다.

금수출 해금은 국가 재정 및 민간 경제를 재건하기 위해서는 절대적으로 필요한 기본적인 조건이다. ……정부는 이러한 제반사항을 준비해 빠른 시일 내에 금해금金解禁을 단행시킬 것을 약속한다. 이는 곧 우리 재계를 안정시키고 발전시킬 수 있는 유일무이한 방도임을 믿는다(『日本金融史資料 昭和編』 제2권, 393~395쪽).

11월 21일 정부는 이듬해 1월 11일 날짜로 금해금을 실행할 것을 공표했습니다. 그러나 실제 경제 상황은 좋지 않았습니다. 주가는 1928년 후반 무렵부터 계속 하락했고 하마구치 내각이 성립할 무렵부터 조금씩 소강상태에 들어가긴 했지만 면사 가격은

---

35 해군 군령부는 군령부의 승인을 얻지 않고 런던 군축조약에 조인한 것은 천황의 통수권을 침범했다고 비난한 것.

내각 성립과 동시에 급락했습니다. 미국에서 '암흑의 목요일'로 불리는 1929년 10월 24일 월가의 주가 대폭락은 바로 일본에 영향을 미치지는 않고 남미·북미 및 동유럽·북유럽을 돌아 이듬해 1930년 7월에 생사 가격이 대폭락하는 형태로 세계공황의 영향을 일본도 받게 됩니다.

같은 해 10월 쌀의 대풍작으로 예상되는 소식이 발표되자 쌀값은 크게 폭락하고 벼농사를 짓는 농가는 곤궁한 상태에 빠집니다. 생사 가격이 급격히 떨어지자 당연히 그 원료인 누에 가격도 하락해버려 일본 농가의 최대 부업이었던 양잠 수입도 줄어들게 됩니다. 그러면서 2대 상품작품인 '쌀과 누에' 모두가 공황 여파에 직격탄을 맞게 되고 소작 쟁의가 빈번히 일어나게 됩니다.

공업 분야도 상황이 어렵긴 마찬가지였습니다. 중공업은 재빨리 회복되는 조짐이 보이긴 했으나, 섬유산업, 특히 제사製絲업 분야에 심대한 영향을 끼쳐 타격이 심했습니다. 제사업에 종사하던 여공女工의 임금도 급격히 하락하고 낮은 수준에서 좀처럼 회복될 기미가 보이지 않았습니다. 사업 축소, 연이은 도산, 실업자 급증, 노동쟁의 발생 등 전체적으로 '쇼와 공황'으로 불리던 이 공황은 이때까지 일본이 경험한 공황 가운데서도 가장 심각한 것이었습니다.

세계 다른 나라의 상황도 살펴보면 미국에서 발생한 공황은 독일을 중심으로 하는 중부 유럽에 영향을 미쳤습니다. 독일은 '세계대전' 배상금을 지불하기 위해 미국의 투자에 의존하는 실정이었습니다. 그런데 세계공황으로 인해 미국에서 투자를 끊자 배상금을 지불할 수 없는 상황에 부딪힙니다. 그 결과 영국이나 프랑스도 세계공황 여파에 말려들게 됩니다.

세계 각국에서 공황은 상당히 오랫동안 지속되었습니다. 독일에서는 실업자의 불만이나 배상금 부담에 대한 원망이 치솟아 선거에서 나치스 당이 제1당이 되고 히틀러가 합법적으로 수상에 취임합니다. 이로써 이상적이라 일컬어지던 바이마르 헌법이 짓밟히는 형국을 맞이합니다.

일본의 쇼와 공황은 세계 각국에 비하면 단기적이고 가벼운 정도로 마무리되었지만 이것은 어디까지나 후대의 평가입니다. 당시 그 시기를 살았던 사람들 입장에서는 무척 힘든 시기였습니다. 다음 종장終章에서는 이 부분에 대해 다시 언급하겠습니다.

다음 '세계대전': 그 징조

"동아시아 전쟁의 50년 역사를 평화라는 개념으로 볼 때
상대의 입장에서 역사를 어떻게 볼 것인가가 중요하다.
서로 간에 이해와 신뢰가 쌓여야 마음이 통할 수 있다."

불황과 테러, 우경화

이번 장에서는 제2차 세계대전 전, 즉 일반적으로 말하는 '전전' 일본의 국내 상황에 대해서 조금은 다른 각도에서 얘기해보려고 합니다.

앞 장 마지막 부분에서 언급한 것처럼 1929년부터 시작된 쇼와 공황의 영향은 세계공황의 타격을 받은 여러 국가 중에서는 기간도 짧았고 경미한 정도였다고들 말합니다. 하지만 경제공황이 일본사회에 미친 영향은 사실 심각한 수준이었고 장기간에 걸쳐 일어났습니다.

　사회적 불안이 확산되면서 청년장교들이 동북 농촌지역의 빈곤함을 간과할 수 없다고 자성하면서 군대 내부의 운동이 조용하지만 강하게 퍼지고 있었습니다.

　런던 해군군축조약은 10월 초 추밀원에서 가결되었습니다. 그런데 같은 달 생사生絲가격이 34년 만에 최저치로 폭락했으며 불황은 점점 더 심각해졌습니다. 1930년 11월 14일 하마구치 오사치 수상은 도쿄 역 플랫폼에서 당시 22세 우익 청년인 사고야 도메오佐郷屋留雄[1]에게 저격당해 중상을 입었습니다. 수술은 성공리에 마쳐 1931년 1월에 퇴원하고 2월에는 의회에 출석해 답변에 나서기도 합니다. 그러나 그 뒤 병세가 악화되어 결국 1931년 4월에 수상을 사임해, 와카쓰키 레지로가 후임 수상이 되었습니다.

　같은 해 3월에는 육군 청년장교가 3월사건이라는 쿠데타를 계획했고 9월 18일에 관동군이 '만주사변'을 일으킨 후에도 청년장교들이 10월사건이라는 또 한 차례 쿠데타를 계획하던 것이 발각되었습니다. 그사이 8월에 하마구치 수상이 죽습니다.

　1932년 2월 9일에는 금해금을 실행해 공황 상태를 더욱 심하게 만든 책임자로 몰린 전 경제장관 이노우에 준노스케가 암살됩니다. 총을 쏜 사람은 오누마 쇼小沼正[2]라는 스무 살 청년이었습니

1　1908~1972. 우익 활동가. 구마모토 현 출신.
2　1911~1978. 국가주의자, 테러리스트.

다. 이어서 미쓰이三井 재벌의 중심인물이던 미쓰이 합명合名회사 이사장 단 다쿠마団琢磨[3]도 3월 5일 사살됩니다. 이 암살을 시도한 인물은 히시누마 고로菱沼五郎라는 열아홉 살 청년이었습니다.

훗날 조사과정에서 오누마와 히시누마 두 사람이 암살에 사용한 총이 같은 타입이었던 것과 배후에는 훗날 '게쓰메이단血盟団'이라 불리는 조직과 관련되어 있다는 점도 밝혀졌습니다. 게쓰메이단 조직의 지도자는 니치렌슈日蓮宗 승려 이노우에 닛쇼井上日召[4]임도 드러났습니다.

이 게쓰메이단은 해군 청년장교 후지이 히토시藤井斉[5] 등과 연락하며 군부정권軍政權을 수립할 계획을 짜고 있었습니다. 그런데 후지이가 1월에 발발한 상해사변에서 전사하자 [후지이의 뜻을 계승한 고가 기요시古賀清志 등이] 수상관저에 잠입해 수상을 살해하는 5·15사건이 일어났습니다. 이후 [쿠데타에 따른 정국 수습을 위해] 후임 수상에 해군 출신 사이토 마코토가 취임했고 거국일치내각이라는 정치노선을 표방합니다. 이로써 정당정치 시대가 막을 내립니다. 이후 전전戰前·전중戰中에는 정당내각이 부활하지 않습니다.

---

3 1858~1932. 실업가. 미국에서 광산학을 배워 경영을 성공시킴. 미쓰이 재벌 총수.
4 1886~1967. 종교가, 정치운동가, 테러리스트. 1931년에 우익 정치결사조직인 게쓰메이단을 조직하여 급격한 국가개조계획을 표방. 그 방법으로 기존의 정치경제계 주요 인사들을 암살하고자 함.
5 1904~1932. 해군 군인.

테러리스트의 마음: 오누마 쇼의 진술

불황과 테러, 우경화는 어떻게 결합되었을까요?

이노우에 준노스케를 암살한 오누마 쇼의 사례를 통해 이 부분에 대한 답을 찾아보겠습니다.

그는 이바라기茨城 현 나카미나토那珂湊에서 태어나 고등소학교 2년을 졸업하고 목수가 되었습니다. 하지만 곧 도쿄로 상경해 긴자銀座에 있는 염색 가게에서 점원으로 일하며 상류사회 사람들의 풍족한 삶과 카페 여종업원의 몇 푼 안 되는 월급 사이의 커다란 격차를 피부로 느낍니다. 도시사회의 부패상에 염증을 내고 일단 고향으로 돌아갑니다. 하지만 다시 도쿄 본사 본점이 있는 과자 가게로 전직해 카스텔라 공장 직공職工이 됩니다.

때마침 쇼와 천황 즉위식에 맞춰 급히 새로 지었던 세타가야 쿠世田谷区 고마자와駒沢 공장은 경찰서 공장담당 관리가 말을 바꿔 조업을 허가하지 않게 되면서 좋은 시기를 놓쳐 결국 오누마가 몸담고 있던 공장은 도산 위기에 처합니다. 독점 영업자인 가스 회사로부터 가스 공급이 중단되고 채권자에게 빚도 갚지 못하는 상황이 되자 신설 공장은 최대 채권자 손에 넘어가게 됩니다.

오누마는 도쿄 본사 공장으로 돌아가 어렵사리 생활을 꾸려가지만 그곳에서도 가스 공급이 중단당하고 급료 체납 상황에 내몰립니다. 그러다 급기야 해고를 강요당한 종업원들이 체납임금 지불을 요구하며 지점 주인을 압박하는 사태로 치닫습니다.

오누마는 계속 가게를 지키며 가족과 같은 마음으로 계속 일하는 길을 택합니다. 하지만 병이 도져 재차 고향으로 돌아갔다가 또다시 긴자 염색가게의 점원이 됩니다.

어느 날 요쓰야四谷 우체국 앞에서 오누마는 전에 일하던 과자가게 사모님과 우연히 마주쳐 이런저런 대화를 나누게 됩니다. 빚 문제 때문에 옛 가게 주인장과 사모님의 친정어머님이 대립하게 되었다는 것, 결국 주인장과 이혼하고 큰아이는 친정집으로 보내고 작은아이는 남의 집 양자로 보낸 사정을 듣습니다. 오누마는 이에 심하게 격분합니다. 가족제도조차 무너졌다는 [사회에 대한] 격분이었습니다. 오누마는 다시금 고향으로 돌아갑니다. 오누마의 심경을 그대로 인용해보겠습니다.

긴자의 생활이 그저 답답하게 느껴졌다. ……그것은 서로가 이해하기 어려운 서로 다른 두 계층의 삶이 모두 보이기 때문이다. 에로틱하고 그로테스크한 긴자의 분위기, 카페 거리, 신바시·쓰키지築地의 유흥업, 그리고 불경기가 웬 말이냐는 듯한 표정을 짓고 있는 야

마노테|山手: 시내 중심부| 방면의 상류사회가 존재하는 한편, 반대로 일하고 싶어도 일할 곳이 없는 룸펜들, 아무리 일해도 빚더미에서 벗어날 수 없는 세계의 사람들, 파업, 공산당 문제, 대공장 휴업, 실업자 무리[의 공존], 이러한 모습은 아마 도쿄에서는 흔한 광경일 것이다.

하지만 고향에서 보는 광경은 고단한 삶에 익숙해져 살고 있는 농촌과 어촌, 어쩔 수 없다고 포기하고 있는 무지한 농민, 순박한 어부, 인과율을 잘못 해석해 인정이라고는 찾아보기 어려운 한심한 승려, 권력의 탈을 쓴 출장소 순경, 관료화된 공무원, 관료화된 청년단과 처녀회, 농촌 특유의 순박함을 앗아간 자본주의의 풍경이다(『血盟団事件 上申書 獄中手記』, 血盟団事件公判速記録刊行会, 1971, 531쪽).

여기서 알 수 있듯이 아직 20세 전후의 젊은이도 도시의 부패·상류층 사람과 하층민 간의 격차·경찰 관료의 부정행위·독점기업의 횡포·노동쟁의에 대한 반발·계속되는 가족제도의 파괴를 실감하고 있었던 것입니다. 이노우에 준노스케를 살해한 오누마 쇼의 범행 동기는 이노우에 닛쇼에게 감화를 받은 것이었다고 합니다.

불황이 곧 테러리즘 촉발을 자극하는 직접적인 매개체가 된 것은 아니지만 불황이 사회격차를 확대시키고, 한편에서는 노동쟁의를 격화시킨 점, 다른 한편에서는 우익의 급진화를 초래해 사회 전체가 우경화되었다는 것은 위 사례를 통해서도 짐작할 수 있습니다.

조금 다른 얘기입니다만 오사라기 지로^{大佛次郎}[6]라는 작가에 대해 잠시 언급해보겠습니다. 그는 간토 대지진 이후부터『구라마 텐구^{鞍馬天狗}』[7]라는 작품을 쓰기 시작해『아코로시^{赤穗浪士}』[8] 등 사극도 쓰는 인기 작가였습니다. 한편 프랑스 제3공화정에 대해서도 지속적으로 관심으로 갖던 오사라기는 1930년에는『드레퓌스 사건』이라는 책도 출간합니다.

이 책은 한 군인이 적국의 스파이로 오인돼 투옥된 것에 대해 소설가 에밀 졸라가 무죄를 주장해 오랜 공방 끝에 석방된 과정을 상세히 서술한 것입니다. 오사라기는 1936년에도『블랑제 장군의 비극』이라는 책을 출간했습니다. 이 책은 우익적 정치 선전을 좋아하는 대중의 취향에 영합해 정계 진출을 노렸으나 실패한 한 군인의 얘기입니다. 오사라기 나름의 당시 풍조에 대한 경고 메시지를 담은 것으로 보입니다.

오사라기 작가는 제2차 세계대전 이후에『파나마 사건』을 집필해 프랑스 공화정 3부작을 완성하고, 이어 파리 코뮌을 그린 장편소설『파리를 불태우다』도 써냈습니다. 일본의 국민적 관심으

---

6 1897~1973. 작가, 소설가. 1923년 외무성을 퇴사하고 집필에 전념.
7 막부 말기를 무대로 하여 신출귀몰하는 근왕지사(勤王志士)의 활약상을 그린 사극소설. '구라마텐 구'는 작품 속에서 주인공이 스스로를 일컫는 검객(劍士)의 이름임.
8 에도 시대 중엽 주군의 원수를 갚는 스토리를 소재로 한 장편사극소설.

로 돌아와 『천황의 세기』라는 작품을 쓰기 시작하는데, 막부 말기에서 보신 전쟁 종료까지를 다룬 것입니다. 결국 작가의 죽음으로 중단된 작품이긴 하지만 오사라기의 넓은 세계관을 느낄 수 있는 명작입니다. 『드레퓌스 사건』과 『블랑제 장군의 비극』은 1930년대 일본인에게 경종을 울리는 작품이었으며 지금도 충분히 읽을 만한 가치가 있는 작품입니다. 사족이 길어졌습니다만, 다시 본론으로 돌아가 얘기를 이어가겠습니다.

'동아시아 50년전쟁'시대의 종결

일본이 아시아 태평양전쟁을 향해 달려가던 1931년 이후의 굽이치는 역사적 상황에 대해 대략적으로 짚어보면서 이 책을 마무리하고자 합니다.

1931년에 류탸오후 사건을 기점으로 하는 '만주사변'이라는 이름하에 중국 동북지역 침략이 시작되고 1936년에는 육군 황도파皇道派[9] 청년장교들이 '쇼와 유신'의 깃발을 내건 2·26사건이 발생했습니다. 이들은 수상 관저나 경시청 등을 습격하고, 내대신內大臣 사이토 마코토, 대장대신 다카하시 고레키요, 육군 교육총감

---

9 야전부대 출신의 청년장교층이 중심, 천황친정(天皇親政) 아래 국가를 개조할 것을 주장하는 급진파.

인 와타나베 조타로渡辺錠太郎[10] 등을 살해했습니다. 이후 정치가나 재계 인사는 생명의 위협을 느껴 군부의 요구에 응할 수밖에 없게 되고 사건을 진압했던 육군 통제파統制派[11]가 힘을 강화하면서 일본은 전쟁체제로 돌입합니다.

1937년에는 루거우차오 사건을 기점으로 하는 '지나사변'이라는 이름의 중일 간 전면전이 시작됩니다. 이 전쟁에서 이기기 위해 일본은 장제스를 원조하는 이른바 '장제스 지원 루트'를 차단하려 합니다. 즉 지금의 베트남 북부에 일본군을 주둔시키고 나아가 남부 북부로도 진출한 것입니다.

이러한 과격한 행동의 결과 일본은 미국·영국·네덜란드로부터 자산동결資産凍結 제재조치를 받습니다. 자산이 동결되면 무역 거래도 송금도 할 수 없습니다. 여기에 석유 수입금지 조치까지 더해지면서 일본은 옴짝달싹하기 어려운 상황이 됩니다. 군수물자 수입이 곤란해지고 석유 보유량은 나날이 줄어들 수밖에 없었습니다.

국력이 어느 정도인지에 대한 판단을 둘러싸고 수없이 논의한 결과, 1941년 11월 5일 어전회의에서 일본은 '대동아전쟁'이라는 이름으로 아시아 태평양전쟁 개전의 길로 나아갑니다. 12월 8일 말레이 반도 코타발 상륙과 진주만 공격을 시작으로 패전하기까

---

10 1874~1936. 육군 군인, 1935년 육군 교육총감에 취임. 2·26으로 살해됨.
11 육군대학을 졸업한 엘리트 중견장교층이 중심, '고도국방국가' 건설을 목표로 각 정치세력을 이용하면서 총력전 수행을 위한 군의 현대화를 주장.

지 자세한 경과에 대해 여기서는 생략합니다.

다만 아시아 태평양전쟁에서 일본의 패전 문제를 생각할 때 한 가지 유념해야 할 점이 있습니다. 그것은 많은 사람이 일본은 공습과 원폭으로 미국에게 졌다고 착각하는 점입니다. 하지만 실제로 일본은 중국에게도 졌습니다. 이 점은 패전 당시 중국대륙에 남아 있던 일본육군병력이 105만 명 이상이었던 것을 봐도 분명합니다. '지나사변'이 '대동아전쟁' 중에도 계속되고 있었다는 점도 제대로 이해해둘 필요가 있습니다.

1894년 청일전쟁 선전포고를 시작으로 1945년 아시아 태평양전쟁 종결 조칙이 발표되기까지의 역사를 후지무라 미치오藤村道生는 그의 명저 『청일전쟁』에서 이미 '중일 50년전쟁'이라고 명명했습니다.

저도 후지무라의 견해에 동의하는데 한 걸음 더 나아가 한국과 중국을 포함시켜서 평가하자면 이 반세기를 '동아시아 50년전쟁' 시대라 불러도 좋을 것 같습니다.

어쨌든 1945년 8월 일본이 동아시아의 주역이던 시대는 막을 내렸습니다.

'청일·러일전쟁을 어떻게 볼 것인가'라는 제목을 내건 이 책은 근대일본이 경험한 전쟁에 대해서 특히 한반도와 중국과의 관계에 주목하면서 검토할 것을 염두에 두고 서술했습니다.

훨씬 오랜 과거로 거슬러 올라가면 백촌강 전투나 몽골 침략, 임진왜란 등의 전쟁, 문자나 불교·유교를 통한 교류, 견당사遣唐使·견수사遣隋使 파견, 조선통신사 파견 등 평화적인 역사도 떠오릅니다.

1945년 이후 한반도는 남북으로 분단되고 샌프란시스코 대일강화회의에도 두 나라는 적국이 아닌 식민지였다는 이유로 초대되지 않았습니다. 남쪽의 대한민국과 일본의 국교가 정상화된 것도 1965년 한일기본조약한일협정 성립 이후로 전후 20년이 경과한 시점이었습니다. 남북한과 마찬가지로 샌프란시스코 회의에 초대받지 못한 중국과 일본의 국교 회복도 전후 30년 가까이 지난 1972년에야 성사되었습니다. 북한과는 70년 가까이 지난 지금도 국교가 수립되지 않고 있습니다. 이렇듯 국교 회복이 이상할 만큼 늦어진 것은 이들 지역과 일본 간의 관계에 여러 가지 문제를 불러왔습니다.

'동아시아 50년전쟁'의 한 장면 한 장면을 되짚어볼 때 상대방의 입장에서 역사를 어떻게 볼 것인가라는 자각이 중요하다고 봅니다. 상대방의 눈을 보면서, 좀 더 정확하게 말하면 상대방의 눈동자를 직시하면서 그 눈동자 속에 조그맣게 비친 자신의 모습과 정직하게 대면하는 자세가 필요하지 않을까 생각합니다.

영어단어 pupil이 무슨 뜻이냐고 질문하면 다들 "학생"이라고 답하실 텐데요. 사실 이 단어에는 학생이라는 뜻 외에도 눈동자라는 또 하나의 의미가 있습니다. 눈동자瞳에 해당하는 한자는 눈 목目과 아이 동童이 결합한 글자로 눈 속에 작은 아이가 있다는 의미로 해석할 수 있습니다. 눈동자에 해당하는 글자의 일본어 발음은 히토미ひとみ로 둘로 나누면 '히토'와 '미'로 나뉩니다. 소중한 것을 소중히 여길 때 눈동자처럼 소중히 한다는 표현에도 사용됩니다.

모든 사람에게 소중한 평화를 지키기 위해서는 평화라는 개념과 정반대에 있는 전쟁의 개념에 대해서 잘 이해해야 할 것입니다. 이를 위해서는 상대의 눈에 자신이 어떻게 비치는지를 잘 알아야 합니다. 그런 다음에 눈동자와 눈동자를 서로 마주볼 때 이해와 신뢰가 쌓여 마음이 통할 수 있을 것입니다.

역사서라고 하기에는 대략적인 서술밖에 하지 못해서 송구스럽습니다. 그럼에도 관심을 갖고 읽어주신 모든 분께 감사의 말씀드립니다. 더불어 더 자세히 알고자 하시는 분들을 위해 제가 이용한 좋은 책을 참고문헌에 소개하면서 맺고자 합니다.

참고문헌

1 기초 문헌·공간된 전사 자료(公刊戦史)

外務省 編, 『日本外交年表竝主要文書 一八四〇~一九四五』上·下(原書房, 1970)

外務省 編, 『日本外交文書』明治期(第一卷~第四五卷)·大正期(大正二~一五年)·昭和戦前期(昭和期Ⅰ昭和二~六年, 昭和期Ⅱ昭和六~一二年)

外務省 編, 『小村外交史』上·下(日本外交文書別冊, 新聞月鑑社, 1953, [復刻: 原書房, 1966])

宮内省臨時帝室編集局 編, 『明治天皇紀』第一~第一二·索引(宮内庁·吉川弘文館, 1968~1977)

参謀本部, 『明治二十七八年 日清戦史 第二冊決定草案』(福島県立図書館佐藤文庫蔵)

参謀本部, 『日清戦争 第五篇 第一一章 第三草案』(同上)

参謀本部第四部 編, 『明治三十七八年役 露軍之行動』全一二卷(東京偕行社, 1908~1910)

参謀本部 編, 『明治三七八年日露戦史』全一〇卷(東京偕行社, 1912~1915)

参謀本部 編, 『明治三十七八年秘密日露戦史』復刻版(巌南堂書店, 1977)

海軍軍令部 編, 『明治三十七八年海戦史』第一卷(春陽堂, 1909)

海軍軍令部 編, 『極秘 明治三十七八年海戦史』全一二冊 (戦紀二三冊, 防備及び運輸通信五冊, 施設一九冊, 艦船艇一五冊, 医務衛生二一冊, 会計経理一六冊, 国際事件四冊, 附記六冊, 附録文書三六冊, 写真帖一冊, 合計一五〇冊)

　　　　이 자료는 시바 료타로가 이용하지 못한 사료임.

2 일반(백과사전, 연표류는 제외)

外務省調査部, 「日清戦争ヨリ満州事変ニ至ル日本外交ノ経済的特質(未定稿)」(1936)

伊藤正徳, 『国防史』(東洋経済新報社, 1941)

小山弘健, 『近代日本軍事史概説』(伊藤書店, 1944)

山源之助, 『日本の下層社会』(岩波文庫, 1949)

高橋亀吉, 『大正昭和財界変動史』上·中·下(東洋経済新報社, 1954~1955)

岡義武, 『国際政治史』(岩波全書, 1955)

岡義武, 『山県有朋: 明治日本の象徴』(岩波新書, 1958)

安藤良雄, 『日本資本主義の歩み』(講談社現代新書, 1967)

中村隆英,『戦前期日本経済成長の分析』(岩波書店, 1971)

坂野潤治,『明治憲法体制の確立: 富国強兵と民力休養』(東京大学出版会, 1971)

高村直助,『日本紡績業史序説』上·下(塙書房, 1971)

山川菊栄,『おんな二代の記』東洋文庫(平凡社, 1972)

石井寛治,『日本蚕糸業史分析: 日本産業革命研究序論』(東京大学出版会, 1972)

大石嘉一郎 編,『日本産業革命の研究: 確立期日本資本主義の再生産構造』上·下(東京大学出版会, 1975)

高橋亀吉,『明治大正農村経済の変遷』(農山漁村文化協会, 1976)

生方敏郎,『明治大正見聞史』(中公文庫, 1978)

森川英正,『日本財閥史』(教育社歴史新書, 1978)

毛利敏彦,『明治六年政変』(中公新書, 1979)

中村政則,『近代日本地主制史研究: 資本主義と地主制』(東京大学出版会, 1979)

生田惇,『日本陸軍史』(教育社歴史新書, 1980)

外山三郎,『日本海軍史』(教育社歴史新書, 1980)

原奎一郎·山本四郎 編,『原敬をめぐる人びと』(NHKブックス, 1981)

原奎一郎·山本四郎 編,『続 原敬をめぐる人びと』(NHKブックス, 1982)

若槻禮次郎,『明治·大正·昭和政界秘史: 古風庵回顧録』(講談社学術文庫, 1983)

城山三郎,『男子の本懐』(文春文庫, 1983)

大江志乃夫,『日本の参謀本部』(中公新書, 1985)

市古宙三,『(世界の歴史20) 中国の近代』(河出文庫, 1990)

池井優·波多野勝·黒沢文貴 編,『浜口雄幸 日記·随感録』(みすず書房, 1991)

波多野勝,『浜口雄幸: 政党政治の試験時代』(中公新書, 1993)

井口和起,『朝鮮·中国と帝国日本』(岩波ブックレット, 1995)

加藤陽子,『徴兵制と近代日本』(吉川弘文館, 1996)

西田美昭,『近代日本農民運動史研究』(東京大学出版会, 1997)

三谷太一郎,『近代日本の戦争と政治』(岩波書店, 1997)

川田稔,『原敬と山県有朋: 国家構想をめぐる外交と内政』(中公新書, 1998)

有馬学,『(日本の近代4)「国際化」の中の帝国日本 一九〇五~一九二四』(中央公論新社, 1999)

木俣滋郎,『陸軍兵器発達史:明治維新から本土決戦まで』(光人社NF文庫, 1999)

岡義武,『近代日本の政治家』(岩波現代文庫, 2001)

加藤陽子,『戦争の日本現代史: 東大式レッスン! 征韓論から太平洋戦争まで』(講談社現代新書, 2002)

吉田裕,『日本の軍隊: 兵士たちの近代史』(岩波新書, 2002)

木俣滋郎,『艦艇発達史: 幕末から昭和まで 日本建艦物語』(光人社NF文庫, 2002)

暉峻衆三,『日本の農業一五〇年: 一八五〇~二〇〇〇年』(有斐閣, 2003)

星野芳郎,『日本軍国主義の源流を問う』(日本評論社, 2004)

姜在彦,『歴史物語 朝鮮半島』(朝日新聞出版, 2006)

鳥飼行博,『写真·ポスターから学ぶ戦争の百年: 二十世紀初頭から現在まで』(青弓社, 2008)

加藤陽子,『それでも, 日本人は「戦争」を選んだ』(朝日出版社, 2009)

坂野潤治,『近代日本の国家構想 一八七一~一九三六』(岩波現代文庫, 2009)

武田晴人,『新版 日本経済の事件簿』(日本経済新聞社, 2009)

三谷博·並木頼寿·月脚達彦 編,『大人のための近現代史: 19世紀編』(東京大学出版会, 2009)

三谷太一郎,『ウォール·ストリートと極東: 政治における国際金融資本』(東京大学出版会, 2009)

水川隆夫,『夏目漱石と戦争』(平凡社新書, 2010)

川島真,『(シリーズ中国近現代史②) 近代国家への模索 一八九四~一九二五』(岩波新書, 2010)

三和良一·原朗 編,『近代日本経済史要覧』(東京大学出版会, 2010)

和田春樹 他,『岩波講座 東アジア近現代通史』1 東アジアの近代, 2日露戦争と韓国併合, 3世界戦争と改造, 4社会主義とナショナリズム, 5新秩序の模索, 6アジア太平洋戦争と「大東亜共栄圏」 (岩波書店, 2010~2011)

升味準之輔,『日本政党史論』全七巻, 新装版(東京大学出版会, 2011)

御厨貴 編著,『近現代日本を史料で読む:「大久保利通日記」から「富田メモ」まで』(中公新書, 2011)

加瀬和俊,『失業と救済の近代史』(吉川弘文館, 2011)

中村隆英,『昭和史』上(東洋経済文庫, 2012)

石井寛治,『帝国主義日本の対外戦略』(名古屋大学出版会, 2012)

日中韓3国共同歴史編纂委員会,『新しい東アジアの近現代史』上·下(日本評論社, 2012)

坂野潤治,『日本近代史』(ちくま新書, 2012)

坂野潤治,『西郷隆盛と明治維新』(講談社現代新書, 2013)

3   청일전쟁 관련

杉村濬,『明治廿七八年在韓苦心録』(杉村陽太郎, 1932)

信夫清三郎,『陸奥外交』(叢文閣, 1935)

田保橋潔,『日清戦役外交史の研究』(刀江書院, 1951)

井上清,『条約改正: 明治の民族問題』(岩波新書, 1955)

中塚明,『日清戦争の研究』(青木書店, 1968)

鹿島守之助,『日清戦争と三国干渉』(鹿島研究所出版会, 1970)

橋川文三 編, 『日清·日露の戦役』(筑摩書房, 1970)

黄昭堂, 『台湾民主国の研究』(東京大学出版会, 1970)

青木周蔵 著, 坂根義久 校注, 『青木周蔵自伝』東洋文庫(平凡社, 1970)

田保橋潔, 『近代日鮮関係の研究』上·下(原書房, 1973)

藤村道生, 『日清戦争: 東アジア近代史の転換点』(岩波新書, 1973)

隅谷三喜男, 『(日本の歴史22) 大日本帝国の試煉』(中公文庫, 1974, 改版: 2006)

石光真清, 『城下の人: 石光真清の手記』, 『曠野の花』, 『望郷の歌』, 『誰のために』(中公文庫, 1978~1979)

黄昭堂, 『台湾総督府』(教育社歴史新書, 1981)

朴宗根, 『日清戦争と朝鮮』(青木書店, 1982)

陸奥宗光 著, 中塚明 校訂, 『新訂 蹇蹇録: 日清戦争外交秘録』(岩波文庫, 1983)

陳舜臣, 『江は流れず: 小説 日清戦争』上·中·下(中公文庫, 1984)

大石汎, 『日清戦争中の森鷗外』(門土社総合出版, 1989)

大濱徹也, 『明治の墓標: 庶民の見た日清·日露戦争』(河出文庫, 1990)

中塚明, 『「蹇蹇録」の世界』(みすず書房, 1992)

海野福寿, 『(日本の歴史18) 日清·日露戦争』(集英社, 1992)

大谷正·原田敬一 編, 『日清戦争の社会史: 「文明戦争」と民衆』(フォーラム·A, 1994)

藤村道生, 『日清戦争前後のアジア政策』(岩波書店, 1995)

高橋秀直, 『日清戦争への道』(東京創元社, 1995)

奥村房雄 監修·桑田悦 編, 『近代日本戦争史 第1編 日清·日露戦争』(同台経済懇話会, 1995)

東アジア近代史学会 編, 『日清戦争と東アジア世界の変容』(ゆまに書房, 1997)

毛利敏彦, 『台湾出兵: 大日本帝国の開幕劇』(中公新書, 1996)

中塚明, 『歴史の偽造をただす: 戦史から消された日本軍の「朝鮮王宮占領」』(高文研, 1997)

檜山幸夫, 『日清戦争: 秘蔵写真が明かす真実』(講談社, 1997)

吉岡吉典, 『日清戦争から盧溝橋事件』(新日本出版社, 1998)

大江志乃夫, 『東アジア史としての日清戦争』(立風書房, 1998)

趙景達, 『異端の民衆反乱—東学と甲午農民戦争』(岩波書店, 1998)

野村實, 『日本海海戦の真実』(講談社現代新書, 1999)

伊藤之雄, 『立憲国家の確立と伊藤博文: 内政と外交 一八八九~一八九八』(吉川弘文館, 1999)

大江志乃夫, 『バルチック艦隊: 日本海海戦までの航跡』(中公新書, 1999)

佐々木揚, 『清末中国における日本観と西洋観』(東京大学出版会, 2000)

原田敬一, 『国民軍の神話: 兵士になるということ』(吉川弘文館, 2001)

趙景達, 『朝鮮民衆運動の展開: 士の論理と救済思想』(岩波書店, 2002)

斎藤聖二, 『日清戦争の軍事戦略』(芙蓉書房出版, 2003)

戴逸·楊棟梁·華立 共著, 岩田誠一·高美蘭 共訳, 『日清戦争と東アジアの政治』(大阪法科大学出版部, 2003)

大谷正, 『兵士と軍夫の日清戦争: 戦場からの手紙をよむ』(有志舎, 2006)

隅谷三喜男, 『(日本の歴史22) 大日本帝国の試煉』(中公文庫, 改版: 2006)

原田敬一, 『(シリーズ日本近現代史3) 日清·日露戦争』(岩波新書, 2007)

一ノ瀬俊也, 『旅順と南京: 日中五十年戦争の起源』(文春新書, 2007)

崔文衡 著, 齊藤勇夫 訳, 『韓国をめぐる列強の角逐: 19世紀末の国際関係』(彩流社, 2008)

岡本隆司, 『世界のなかの日清韓関係史: 交隣と属国, 自主と独立』(講談社選書メチエ, 2008)

並木頼寿·井上裕正, 『(世界の歴史19) 中華帝国の危機』(中公文庫, 2008)

原田敬一, 『(戦争の日本史19) 日清戦争』(吉川弘文館, 2008)

末延芳晴, 『森.外と日清·日露戦争』(平凡社, 2008)

大石一男, 『条約改正交渉史: 一八八七~一八九四』(思文閣出版, 2008)

閻立, 『清末中国の対日政策と日本語認識: 朝貢と条約のはざまで』(東方書店, 2009)

由井正臣, 『軍部と民衆統合: 日清戦争から満州事変まで』(岩波書店, 2009)

五百旗頭薫, 『条約改正史: 法権回復への展望とナショナリズム』(有斐閣, 2010)

岡本隆司, 『李鴻章: 東アジアの近代』(岩波新書, 2011)

小林茂, 『外邦図: 帝国日本のアジア地図』(中公新書, 2011)

石井寛治, 『日本の産業革命: 日清·日露戦争から考える』(講談社学術文庫, 2012)

豊下楢彦, 『「尖閣問題」とは何か』(岩波現代文庫, 2012)

劉傑, 『中国の強国構想: 日清戦争後から現代まで』(筑摩書房, 2013)

中塚明·井上勝生·朴孟洙, 『東学農民戦争と日本: もう一つの日清戦争』(高文研, 2013)

千葉功, 「日清·日露戦争」, 『岩波講座 日本歴史 第16巻 近現代2』(岩波書店, 2014)

大谷正, 『日清戦争: 近代日本初の対外戦争の実像』(中公新書, 2014)

4　의화단전쟁 관련

野沢豊·田中正俊 編, 『講座 中国近現代史2 義和団運動』(東京大学出版会, 1978)

岡倉登志, 『ボーア戦争: 金とダイヤと帝国主義』(教育社歴史新書, 1980)

復旦大学歴史系·上海師範大学歴史系 編著, 野原四郎·小島晋治 監訳, 『中国近代史3 辛亥革命』(三省堂, 1981)

小林一美, 『義和団戦争と明治国家』(汲古書院, 1986)

井上勇一, 『東アジア鉄道国際関係史: 日英同盟の成立および変質過程の研究』(慶応通信, 1989)

三石善吉, 『中国, 一九〇〇年: 義和団運動の光芒』(中公新書, 1996)

佐藤公彦,『義和団の起源とその運動: 中国民衆ナショナリズムの誕生』(研文出版, 1999)

平間洋一,『日英同盟: 同盟の選択と国家の盛衰』(PHP新書, 2000)

服部宇之吉 著, 柴五郎 述, 大山梓 編,『北京籠城 北京籠城日記: 付北京籠城回顧録』東洋文庫五三(平凡社, ワイド版, 2003)

斎藤聖二,『北清事変と日本軍』(芙蓉書房出版, 2006)

5　러일전쟁 관련

平民社訳,『トルストイの日露戦争論』(文明堂·信陽堂, 1904)

司法省刑事局,『所謂日比谷焼討事件の研究』(1938)

林茂·西田長寿 編,『平民新聞論説集』(岩波文庫, 1961)

古屋哲夫,『日露戦争』(中公新書, 1966)

小森徳治,『明石元二郎』上(原書房, 1968)

青木周蔵 著, 坂根義久 校注,『青木周蔵自伝』東洋文庫(平凡社, 1970)

林董 著, 由比正臣 校注,『後は昔の記 林董回顧録』東洋文庫(平凡社, 1970)

大山梓,『日露戦争の軍政史録』(芙蓉書房, 1973)

宮地正人,『日露戦後政治史の研究: 帝国主義形成期の都市と農村』(東京大学出版会, 1973)

高橋是清 著, 上塚司 編,『高橋是清自伝』上·下(中公文庫, 1976)

宇野俊一,『(日本の歴史26) 日清·日露』(小学館, 1976)

大江志乃夫,『日露戦争の軍事史的研究』(岩波書店, 1976)

北岡伸一,『日本陸軍と大陸政策 一九〇六~一九一八』(東京大学出版会, 1978)

ロストーノフ 編, 及川朝雄 訳,『ソ連から見た日露戦争』(原書房, 1980)

松村正義,『日露戦争と金子堅太郎: 広報外交の研究』(新有堂, 1980)

吉村昭,『海の史劇』(新潮文庫, 1981)

吉村昭,『ポーツマスの旗: 外相·小村寿太郎』(新潮文庫, 1983)

大江志乃夫,『明治三十七·八年戦役陸軍政史解説』(湘南堂書店, 1983)

室山義正,『近代日本の軍事と財政: 海軍拡張をめぐる政策形成過程』(東京大学出版会, 1984)

坂根義久,『明治外交と青木周蔵』(刀水書房, 1985)

外山三郎,『日露海戦史の研究: 戦記的考察を中心として』三冊(教育出版センター, 1985)

能地清,『日本帝国主義と対外財政』(能地清遺稿追悼集編集委員会, 1985)

大江志乃夫,『日露戦争と日本軍隊』(立風書房, 1987)

大江志乃夫,『兵士たちの日露戦争: 五〇〇通の軍事郵便から』(朝日新聞社, 1988)

長岡外史文書研究会 編,『長岡外史関係文書』回顧録篇, 書簡·書類篇(長岡外史顕彰会, 1989)

大濱徹也, 『明治の墓標: 庶民のみた日清·日露戦争』(河出文庫, 1990)

金子文夫, 『近代日本における対満州投資の研究』(近藤出版社, 1991)

王暁秋 著, 小島晋治 監訳, 中曽根幸子·田村玲子 訳, 『アヘン戦争から辛亥革命: 日本人の中国観と中国人の日本観』(原著: 1987, 東方書店, 1991)

藤村欣一朗, 『高橋是清と国際金融』上·下(福武書店, 1992)

海野福寿, 『(日本の歴史18)日清·日露戦争』(集英社, 1992)

桂太郎 著, 宇野俊一 校注, 『桂太郎自伝』東洋文庫(平凡社, 1993)

木村久邇典, 『帝国軍人の反戦: 水野広徳と桜井忠温』(朝日文庫, 1993)

稲葉千晴, 『明石工作: 謀略の日露戦争』(丸善ライブラリー, 1995)

小林道彦, 『日本の大陸政策 1895-1914: 桂太郎と後藤新平』(南窓社, 1996)

伊藤整, 『(日本文壇史8)日露戦争の時代』(講談社文芸文庫, 1996)

井口和起, 『(歴史文化ライブラリー)日露戦争の時代』(吉川弘文館, 1998)

野村實, 『日本海海戦の真実』(講談社現代新書, 1999)

大江志乃夫, 『バルチック艦隊: 日本海海戦までの航跡』(中公新書, 1999)

伊藤之雄, 『立憲国家と日露戦争: 外交と内政 一八八八~一九〇五』(木鐸社, 2000)

大江志乃夫, 『世界史としての日露戦争』(立風書房, 2001)

稲葉千晴, 『暴かれた開戦の真実: 日露戦争』(東洋書店, 2002)

奈倉文二·横井勝彦·小野塚知二, 『日英兵器産業とジーメンス事件: 武器移転の国際経済史』(日本経済評論社, 2003)

崔文衡, 『日露戦争の世界史』(藤原書店, 2004)

谷壽夫 著, 稲葉正夫 編, 『機密日露戦史』(原書房, 新装版, 2004, 原本:1925, 陸軍大学校調製, 謄写刷, 全一二巻 二一章)

長山靖生, 『日露戦争: もうひとつの「物語」』(新潮新書, 2004)

星野芳郎, 『日本軍国主義の源流を問う』(日本評論社, 2004)

田畑則重, 『日露戦争に投資した男: ユダヤ人銀行家の日記』(新潮新書, 2005)

横手慎二, 『日露戦争史: 世紀最初の大国間戦争』(中公新書, 2005)

山室信一, 『日露戦争の世紀: 連鎖視点から見る日本と世界』(岩波新書, 2005)

黒岩比佐子, 『日露戦争: 勝利のあとの誤算』(文春新書, 2005)

佐山二郎, 『日露戦争の兵器 付·兵器廠保管参考兵器沿革書』(光人社NF文庫, 2005)

原田敬一, 『(シリーズ日本近現代史3)日清·日露戦争』(岩波新書, 2007)

山田朗, 『(戦争の日本史)世界史の中の日露戦争』(吉川弘文館, 2009)

和田春樹, 『日露戦争: 起源と開戦』上·下(岩波書店, 2009)

別宮暖朗, 『日本海海戦の深層』(ちくま文庫, 2009)

和田春樹 他, 『(岩波講座 東アジア近現代通史2)日露戦争と韓国併合』(岩波書店, 2010)

岡田和裕, 『ロシアから見た日露戦争』(光人社NF文庫, 2010)

別宮暖朗, 『日露戦争陸戦の研究』(ちくま文庫, 2011)

工藤美知尋, 『海軍大将加藤友三郎と軍縮時代: 米国を敵とした日露戦争後の日本海軍』
(光人社NF文庫, 2011)

片山慶隆, 『小村寿太郎: 近代日本外交の体現者』(中公新書, 2011)

板谷敏彦, 『日露戦争, 資金調達の戦い: 高橋是清と欧米バンカーたち』(新潮選書, 2012)

岩崎紀美子, 『與謝野晶子とトルストイ』(文芸社, 2012)

荻野富士夫, 『特高警察』(岩波新書, 2012)

池内敏, 『竹島問題とは何か』(名古屋大学出版会, 2012)

奈倉文二, 『日本軍事関連産業史: 海軍と英国兵器会社』(日本経済評論社, 2013)

6   한국병합 관련

田保橋潔, 『近代日鮮関係の研究』上·下(朝鮮総督府, 1940 [復刻:原書房, 1973])

山辺健太郎, 『日韓併合小史』(岩波新書, 1966)

呉知泳, 『東学史 朝鮮民衆運動の記録』東洋文庫一七四(平凡社, 1970)

山辺健太郎, 『日本の韓国併合』(太平出版社, 1970)

山辺健太郎, 『日本統治下の朝鮮』(岩波新書, 1977)

朴殷植 著, 姜徳相 訳注, 『朝鮮独立運動の血史』1·2 東洋文庫(平凡社, 1972, ワイド版, 2004)

F·A·マッケンジー 著, 渡部学 訳注, 『朝鮮の悲劇』東洋文庫(平凡社, 1972)

朴慶植, 『朝鮮三·一独立運動』(平凡社, 1976)

姜東鎮, 『日本の朝鮮支配政策史研究』(東京大学出版会, 1981)

朴宗根, 『日清戦争と朝鮮』(青木書店, 1982)

ニム·ウェールズ, キム·サン 著, 松平いを子 訳, 『アリランの歌: ある朝鮮人革命家の生
涯』(岩波文庫, 1987)

森山茂徳, 『近代日韓関係史研究: 朝鮮植民地化と国際関係』(東京大学出版会, 1987)

高崎宗司, 『「妄言」の原形: 日本人の朝鮮観』(木犀社, 1990)

金圭昇, 『日本の朝鮮侵略と法制』(社会評論社, 1991)

姜在彦, 『日本による朝鮮支配の年』(朝日文庫, 1992)

高崎宗司, 『「反日感情」韓国·朝鮮人と日本人』(講談社現代新書, 1993)

角田房子, 『閔妃暗殺: 朝鮮王朝末期の国母』(新潮文庫, 1993)

中塚明, 『近代日本の朝鮮認識』(研文出版, 1993)

中塚明, 『近代日本と朝鮮』(三省堂選書, 第三版, 1994)

森山茂徳, 『日韓併合』(吉川弘文館, 新装版, 1995)

海野福寿, 『韓国併合』(岩波新書, 1995)

海野福寿 編,『日韓協約と韓国併合: 朝鮮植民地化の合法性を問う』(明石書店, 1995)

金鷹龍,『外交文書で語る 日韓併合』(合同出版, 1996)

趙景達,『異端の民衆反乱: 東学と甲午農民戦争』(岩波書店, 1998)

海野福寿,『韓国併合史の研究』(岩波書店, 2000)

高崎宗司,『植民地朝鮮の日本人』(岩波新書, 2002)

多田井喜生,『朝鮮銀行: ある円通貨圏の興亡』(PHP新書, 2002)

崔文衡 著, 金成浩·齊藤勇夫 訳,『閔妃は誰に殺されたのか: 見えざる日露戦争の序曲』(彩流社, 2004)

康成銀,『一九〇五年韓国保護条約と植民地支配責任: 歴史学と国際法学との対話』(創史社, 2005)

金徳珍 著, 藤井正昭 訳,『年表で見る韓国の歴史』(明石書店, 2005)

韓国教員大学歴史教育科 著, 吉田光男 監訳,『韓国歴史地図』(平凡社, 2006)

韓国史事典編纂会·金容権 編著,『朝鮮韓国近現代史事典』第2版(日本評論社, 2006)

木村幹,『然らば致し方なし 高宗·閔妃』(ミネルヴァ書房, 2007)

岡本隆司,『世界のなかの日清韓関係史: 交隣と属国, 自主と独立』(講談社選書メチエ, 2008)

鄭在貞 著, 三橋広夫 訳,『帝国日本の植民地支配と韓国鉄道 1892~1945』(明石書店, 2008)

金文子,『朝鮮王妃殺害と日本人』(高文研, 2009)

伊藤之雄·李盛煥 編著,『伊藤博文と韓国統治: 初代韓国統監をめぐる百年目の検証』(ミネルヴァ書房, 2009)

小川原宏幸,『伊藤博文の韓国併合構想と朝鮮社会: 王権論の相克』(岩波書店, 2010)

長谷川直子,『朝鮮中立化論と日清戦争』,『岩波講座東アジア近現代通史1 東アジア世界の近代』(岩波書店, 2010)

伊藤之雄,『伊藤博文をめぐる日韓関係: 韓国統治の夢と挫折 1905~1921』(ミネルヴァ書房, 2011)

趙景達,『近代朝鮮と日本』(岩波新書, 2012)

趙景達,『植民地朝鮮と日本』(岩波新書, 2013)

金重明,『物語 朝鮮王朝の滅亡』(岩波新書, 2013)

7 대역사건 관련

幸徳秋水,『幸徳秋水集』(改造文庫, 1929)

幸徳伝次郎,『幸徳秋水思想論集: 想論文編』(解放社, 1930)

宮武外骨 編,『幸徳一派 大逆事件顚末』(龍吟社, 1946)

幸徳秋水,『社会主義神髄』(岩波文庫, 1953)

林茂, 『近代日本の思想家たち: 中江兆民·幸徳秋水·吉野作造』(岩波新書, 1958)

絲屋寿雄, 『大逆事件』(三一新書, 1960)

塩田庄兵衛·渡辺順三, 『秘録·大逆事件』普及版(春秋社, 1961)

林茂·西田長寿 編, 『平民新聞論説集』(岩波文庫, 1961)

荒畑寒村, 『うめ草すて石』(至誠堂, 1962)

平出修, 『定本 平出修集』(春秋社, 1965)

飛鳥井雅道, 『幸徳秋水: 直接行動論の源流』(中公新書, 1969)

神崎清, 『実録: 幸徳秋水』(読売新聞社, 1971)

大河内一男, 『幸徳秋水と片山潜: 明治の社会主義』(講談社現代新書, 1972)

絲屋寿雄, 『幸徳秋水』(清水書院センチュリーブックス, 1973)

江上照彦, 『明治の反逆者たち』(中公新書, 1973)

水上勉, 『古河力作の生涯』(文春文庫, 1973)

荒畑寒村, 『寒村自伝』上·下(岩波文庫, 1975)

徳富健次郎, 『謀叛論－他六篇·日記』(岩波文庫, 1976)

大原慧, 『幸徳秋水の思想と大逆事件』(青木書店, 1977)

荒畑寒村, 『平民社時代』(中公文庫, 1977)

堺利彦, 『堺利彦伝』(中公文庫, 1978)

坂本武人, 『幸徳秋水 明治社会主義の一等星』(清水新書, 1984)

吉野孝雄, 『宮武外骨』(河出文庫, 1985)

西尾陽太郎, 『幸徳秋水』(吉川弘文館, 新装版, 1987)

碓田のぼる, 『石川啄木と「大逆事件」』(新日本出版社, 1990)

塩田庄兵衛 編, 『増補決定版 幸徳秋水の日記と書簡』(未来社, 1990)

平出修研究会 編, 『大逆事件に挑んだロマンチスト: 平出修の位相』(同時代社, 1995)

中村文雄, 『大逆事件の全体像』(三一書房, 1997)

伊藤整, 『日本文壇史 大逆事件前後』(講談社文芸文庫, 1997)

幸徳秋水, 『帝国主義』(岩波文庫, 2004)

中村文雄, 『大逆事件と知識人: 無罪の構図』(論創社, 2009)

秋庭太郎, 『考証永井荷風』上·下(岩波現代文庫, 2010)

高澤秀次, 『文学者たちの大逆事件と韓国併合』(平凡社新書, 2010)

田中伸尚, 『大逆事件: 死と生の群像』(岩波書店, 2010)

神崎清, 『革命伝説大逆事件』1~4(改題, 子どもの未来社, 2010)

黒岩比佐子, 『パンとペン: 社会主義者·堺利彦と「売文社」の闘い』(講談社文庫, 2013)

8 '세계대전' 관련

有澤廣巳,『戦争と経済』(日本評論社, 1937)

リデル·ハート 著, 後藤富雄 訳,『世界大戦―その戦略』(冨山房百科文庫, 1939)

土屋喬雄,『国家総力戦論』(ダイヤモンド社, 1943)

津島寿一,『森賢吾さんのこと』上·下(芳塘刊行会, 1963, 1964)

洞富雄,『(近代の戦争 第3) 第一次世界大戦』(人物往来社, 1966)

三谷太一郎,『日本政党政治の形成: 原敬の政治指導の展開』(東京大学出版会, 1967)

竹村民郎,『独占と兵器生産: リベラリズムの経済構造』(勁草書房, 1971)

鈴木武雄 監修,『西原借款資料研究』(東京大学出版会, 1972)

岡義武 編,『吉野作造評論集』(岩波文庫, 1975)

城山三郎,『鼠』(文春文庫, 1975)

梅津和郎,『成金時代: 第一次世界大戦と日本』(教育社歴史新書, 1978)

安藤良雄 編,『両大戦間の日本資本主義』(東京大学出版会, 1979)

竹村民郎,『大正文化』(講談社現代新書. 1980)

大石嘉一郎 編,『日本帝国主義史』1 第一次大戦期, 2 世界大恐慌期(東京大学出版会, 1985, 1987)

山上正太郎,『第一次世界大戦: 忘れられた戦争』(現代教養文庫, 1985)

朝鮮銀行史研究会 編,『朝鮮銀行史』(東洋経済新報社, 1987)

鈴木裕子 編,『山川菊栄評論集』(岩波文庫, 1990)

武田晴人,『(日本の歴史19)帝国主義と民本主義』(集英社, 1992)

江口圭一,『(大系日本の歴史14) 二つの大戦』(小学館ライブラリー, 1993)

川田稔,『原敬と山県有朋: 国家構想をめぐる外交と内政』(中公新書, 1998)

バーバラ·W·タックマン 著, 山室まりや 訳,『八月の砲声』上·下(ちくま学芸文庫, 2004)

大内建治,『戦時商船隊: 輸送という多大な功績』(光人社NF文庫, 2005)

成田龍一,『(シリーズ日本近現代史④) 大正デモクラシー』(岩波新書, 2007)

小林啓治,『(戦争の日本史21)総力戦とデモクラシー: 第一次世界大戦·シベリア干渉戦争』(吉川弘文館, 2008)

木村靖二·長沼秀世·柴宜弘,『(世界の歴史26) 世界大戦と現代文化の開幕』(中公文庫, 2009)

山室信一,『複合戦争と総力戦の断層: 日本にとっての第一次世界大戦』(人文書院. 2011)

井上寿一,『第一次世界大戦と日本』(講談社現代新書, 2014)

山室信一·岡田暁生·小関隆·藤原辰史 編,『現代の起点力戦 第一次世界大戦』(全四巻)1世界戦争, 2総力戦(岩波書店, 2014)

木村靖二,『第一次世界大戦』(ちくま新書, 2014)

9 21개조 요구 관련

外務省 編, 『日本外交文書』大正四年(1915)第二冊, 第三冊 上巻

堀川武夫, 『極東国際政治史序説: 二十一箇条要求の研究』(有斐閣, 1958)

原多喜子, 「二十一カ条要求」をめぐるアメリカの対応」(『史論』19集, 1968)

臼井勝美, 『日本と中国: 大正時代』(原書房, 1972)

鈴木武雄 監修, 『西原借款資料研究』(東京大学出版会, 1972)

北岡伸一, 「二十一カ条再考: 日米外交の相互作用」(『年報·近代日本研究7 日本外交の危機認識』, 山川出版社, 1985)

川島真, 「日清戦争後から二十一カ条要求まで」(劉傑·三谷博·楊大慶 編, 『国境を越える歴史認識: 日中対話の試み』, 東京大学出版会, 2006)

川島真, 『中国人の日本観』編集委員会編, 『中国人の日本観 第2巻: 二十一か条要求から日本敗戦まで』(社会評論社, 2012)

奈良岡聰智, 「第一次世界大戦初期の日本外交: 参戦から二十一カ条要求まで」(山室信一他編, 『世界戦争』岩波書店, 2014)

10 시베리아 출병 관련

細谷千博, 『ロシア革命と日本』(原書房, 1972)

髙橋治, 『派兵』第1部~第4部(朝日新聞社, 1973~1977)

菊池昌典, 『ロシア革命と日本人』(筑摩書房, 1973)

原暉之, 『シベリア出兵: 革命と干渉 1917~1922』(筑摩書房, 1989)

井竿富雄, 『初期シベリア出兵の研究:「新しき救世軍」構想の登場と展開』(九州大学出版会, 2003)

細谷千博, 『シベリア出兵の史的研究』(岩波現代文庫, 2005)

11 군축(軍縮) 관련

加藤元帥伝記編纂委員会 編, 『元帥加藤友三郎伝』(1928)

伊藤隆, 『昭和初期政治史研究: ロンドン海軍軍縮問題をめぐる諸政治集団の対抗と連携』(東京大学出版会, 1969)

細谷千博·斎藤真 編, 『ワシントン体制と日米関係』(東京大学出版会, 1978)

池井優·波多野勝·黒沢文貴, 『濱口雄幸 日記·随感録』(みすず書房, 1991)

宮野澄, 『海軍の逸材 堀悌吉: 海軍良識派提督の生涯』(光人社NF文庫, 1996)

工藤美知尋, 『海軍大将加藤友三郎と軍縮時代: 米国を敵とした日露戦争後の日本海軍』
(光人社NF文庫, 2011)

12　시바 료타로 론과 『언덕 위의 구름』 관련

司馬遼太郎, 『坂の上の雲』(産経新聞連載:1968~1972, 単行本 六巻: 1969~1972)

司馬遼太郎, 『司馬遼太郎全集』第24巻~第26巻(1973), 文春文庫㈠~㈧ (1978)

司馬遼太郎, 『街道をゆく 2 韓のくに紀行』(朝日文庫, 1978)

司馬遼太郎, 『この国のかたち』㈠~㈥ (文春文庫, 1993~2000)

司馬遼太郎, 『明治という国家』上·下(NHKブックス, 1994)

司馬遼太郎, 『昭和という国家』(NHKブックス, 1999)

中村政則, 『近現代史をどう見るか: 司馬史観を問う』(岩波ブックレットNo.427, 1997)

成田龍一, 『司馬遼太郎の幕末·明治: 「竜馬はゆく」と「坂の上の雲」を読む』(朝日選書, 2003)

福井雄三, 『「坂の上の雲」に隠された歴史の真実: 明治と昭和の虚像と実像』(主婦の友社,
2004)

木村勲, 『日本海海戦とメディア: 秋山真之神話批判』(講談社選書メチエ, 2006)

中塚明, 『現代日本の歴史認識: その自覚せざる欠落を問う』(高文研, 2007)

備仲臣道, 『司馬遼太郎と朝鮮: 「坂の上の雲」─もう一つの読み方』(批評社, 2007)

別宮暖朗, 『日本海海戦の深層』(ちくま文庫, 2009)

中村稔, 『司馬遼太郎を読む』(青土社, 2009)

成田龍一, 『戦後思想家としての司馬遼太郎』(筑摩書房, 2009)

中塚明, 『司馬遼太郎の歴史観: その「朝鮮観」と「明治栄光論」を問う』(高文研, 2009)

中村政則, 『「坂の上の雲」と司馬史観』(岩波書店, 2009)

半沢英一, 『雲の先の修羅: 「坂の上の雲」批判』(東信堂, 2009)

高井弘之, 『誤謬だらけの「坂の上の雲」: 明治日本を美化する司馬遼太郎の詐術』(合同出
版, 2010)

別宮暖朗, 『日露戦争陸戦の研究』(ちくま文庫, 2011)

中塚明·安川寿之輔·醍醐聰, 『NHKドラマ「坂の上の雲」の歴史認識を問う: 日清戦争の虚
構と真実』(高文研, 2011)

木村勲, 『「坂の上の雲」の幻影─"天才"秋山は存在しなかった』(論創社, 2011)

原田敬一, 『「坂の上の雲」と日本近現代史』(新日本出版社, 2011)

辻井喬, 『司馬遼太郎覚書: 「坂の上の雲」のことなど』(かもがわ出版, 2011)

전쟁·조선·중국 세 요소로 본
근대일본의 역사

"내리는 눈에 메이지는 멀어져가는구나"라는 나카무라 구사타 오中村草田男[1]의 유명한 한 구절이 있습니다. 이 구절이 대중에게 많이 회자되었던 때는 '메이지 100년'째인 1968년을 전후한 시점과 원호元號가 쇼와에서 헤이세이로 바뀌는 1989년 무렵이었습니다. 대부분의 사람들에게는 원래 구절의 앞부분인 "내리는 눈에"라는 글자는 생략된 채 "메이지는 멀어져가는구나"라는 감회가 담긴 뒷부분만 회자되었는데, 작시자인 나카무라 구사타오는 뒷구절만 회자되는 것을 매우 불만스럽게 여겼다고 합니다나카무라는 1983년에 사망. 사실 구사타오가 이 구절에서 가장 표현하고 싶었던

---

1 1901~1983. 시인, 작가. 니체 등 서양 사상가의 영향을 받음.

것은 사람들에게 회자되는 뒷부분이 아니라 "내리는 눈에"의 앞 소절이었다고 합니다.

메이지 시대는 1912년으로 끝났는데, '메이지 100년'인 1968년에서 보면 56년 전 '헤이세이 1년'인 1989년에서 봐도 77년 전입니다. 즉 당시 구사타오의 이 구절을 인용하던 사람들 입장에서는 확실히 메이지란 "멀어져가는구나"라는 구절이 실감나게 와닿을 것입니다. 사실 구사타오가 이 구절을 읊었던 때는 그보다 훨씬 이전인 1931년 눈이 몹시 내리던 날의 일이었습니다.

구사타오는 본인이 초등학생 4, 5학년 무렵 다니던 도쿄에 있는 아오야마 초등학교를 방문했는데 바닥 한 면이 눈으로 새하얗게 뒤덮인 풍경이 예나 지금이나 거의 같은 경치로 비쳤다고 합니다. 그가 기억하는 모습과 지금 눈앞에 펼쳐진 광경이 20년이라는 세월을 사이에 두고도 변함없이 그대로인 것을 보면서 마치 20년의 시간이 얼어버려 모든 것이 갇혀 굳어 있었다고 느낀 순간, [오버랩의 착각을 깨는 듯이] 그의 눈앞으로 소리 지르며 교정을 뛰어다니는 어린아이들의 뛰노는 광경이 펼쳐집니다.

금색 버튼의 검은 외투를 입고 있는 그 아이들을 보면서 그의 뇌리에는 검은색 바탕천에 잔 줄무늬가 있는 기모노를 입고 높은 굽이 높은 게타를 신고 노란색 조리 가방을 옆에 든 메이지 시대

어린 시절 자신의 모습이 떠오르면서 비로소 20년이라는 세월이 흘렀음을 뼈저리게 실감하게 됩니다. 즉 [구사타오가 강조하려 했던 앞소절은] 메이지라는 시대는 멀어져가고 말았다는 구사타오의 통감痛感에서 탄생한 시의 한 구절인 것입니다(「自句自解」, 『中村草田男全集』 제6권, みすず書房, 1985, 292~294쪽).

구사타오가 이 구절을 읊었던 때가 1931년이었는데 이때는 메이지가 끝난 1912년부터 세어보면 실제로는 20년도 채 지나지 않았던 시점이었습니다. 하지만 구사타오의 감각으로는 20년 정도가 지나면 한 시대가 멀어진 것처럼 느껴졌던 것입니다. 구사타오 식으로 표현하자면 2014년은 원호가 헤이세이로 바뀐 지 26년이나 지나버렸으니 "쇼와는 멀어져가는구나"고 표현해도 이상할 것이 없겠지요. 다이쇼 시대는 이미 훨씬 멀어져버렸고 메이지 시대는 더더욱 먼 옛날인 셈입니다.

그러나 먼 옛날이기도 하지만 메이지라는 시대는 매우 특이한 시대로 왠지 모르게 사람들에게 매력적으로 다가오는 듯합니다. 다만 '밝은 메이지'라는 측면만 지나치게 계속 강조된다면 역시 거기에서 '환상'적 이미지도 섞여버릴 것입니다. 그렇게 되면 메이지에 대해 전혀 모르는 우리도 언젠가 "왠지 메이지는 아주 좋은 시대였던 것 같아. 그에 비해 쇼와 시대는 왠지 좋지 않은 시대였지”라는 감각이 우리도 모르는 사이에 선입견처럼 강하게 자리 잡게 되거나 그렇게 생각하는 것이 자연스러워질 수도 있습니다. 역사학자인 저는 그렇게 될 소지를 남기는 것은 문제가 있다고 생각합니다. 이 책을 통해 이런 말씀을 드리고 싶었습니다.

서장에서도 약간 언급했지만, 이 책의 출간 계기가 된 강연에 대해 거듭 말씀드리고자 합니다.

지금부터 약 2년 전 학문 인생의 대선배이시자 제 스승의 친구분이신 나고야名古屋 대학교 명예교수 시오자와 기미오塩澤君夫 선생님께 ‘근대일본사 중 특히 메이지 무렵’에 대해 강연해줄 수 있는지 의뢰를 받았습니다. 당시 선생님은 다자이 장학재단 이사장을 맡고 계셨고 해마다 한 번씩 강연회를 열고 있었습니다. 마침 2012년이 20회째 세미나라서 근대일본사를 소재로 강연해달라는 것이었습니다.

제가 강연하기 1년 전에는 노벨상을 수상한 마스카와 도시히데益川敏英가 ‘현대사회와 과학’이라는 제목으로 강연을 했던 터라 그다음 타자를 맡기에는 부담스럽기도 했습니다. 하지만 시오자와 선생님께서 “아닐세, 지금 메이지라는 시대의 역사가 오해되고 있는 부분이 너무 많은 듯해. 메이지 시대를 제대로 생각하지 않으면 근대일본의 역사를 알 수 없게 돼”라고 말씀해주셔서 ‘근대일본과 전쟁'이라는 제목으로 강연을 했습니다.

청일·러일전쟁에 대해 일반 대중을 상대로 강연을 하려면 지금도 계속 읽히고 있는『언덕 위의 구름』에 대해서 언급하지 않으면 안 된다고 생각했습니다. 그리하여 강연 속에서『언덕 위의 구름』작품에 대한 저의 입장도 분명히 말씀드려두는 편이 좋겠다고 생각하여 강연의 부제를 '『언덕 위의 구름』과 역사상의 사실'이라고 덧붙였습니다. 이 책에서도 거듭 말씀드렸지만, 강연에서도 소설은 어디까지나 소설이며 역사상의 사실事實, 즉 사실史實과는 다른 것이라는 점을 언급했는데, 이 책에서도 마지막으로 한 번 더 이 사실을 강조해두겠습니다.

원호가 헤이세이로 바뀐 지 25년 이상이 지난 이 시점에 우리는 도대체 어디를 향해 가고 있는 것일까요.

이 책에서는 일부러 전쟁·조선·중국이라는 세 요소에 초점을 맞춰서 근대일본의 역사를 재조망하려 했습니다. 그 고찰의 결과 알게 된 몇 가지 중 오늘 이 시점의 우리에게 중요한 것은 근대일본은 국내정치와 외교·군사 측면에서 매우 위험한 길을 걸어왔다는 것을 확인할 수 있었다는 점일 것입니다. 그리고 그것은 오늘날의 시대의 일본에도 적용되는 것이라고 저는 생각합니다.

거대한 역사의 총체라는 바다 속에서 이 책이 한 컵 분량이라도 담을 수 있었다고 한다면 극히 일부의 사실의 맥락 정도일 것입니다. 그렇지만 독자 여러분에게 이 책이 근대일본사를 생각하는데 어떤 형태로든 참고가 될 수 있다면 제게는 그보다 더한 기쁨은 없을 것입니다.

이 책을 간행하는 데 강연의 기회를 주시고 그 내용을 책으로 펴 낼 수 있게 흔쾌히 승낙해주신 다자이 재단 이사장 시오자와 기미오 선생님께 큰 감사의 말씀을 드립니다. 또한 나고야 강연에도 참석해주시고 문고판 간행을 제안해주신 『종전사終戰史』의 저자이기도 한 요시미 마사토吉見直人의 우정에 감사를 표합니다.

마지막으로 기획단계에서부터 간행에 이르기까지 모든 과정에서 말로 표현할 수 없을 만큼 도와주신 NHK 출판부 이토 슈이치로伊藤周一朗에게 깊은 감사의 말씀 전합니다. 이토의 협력이 없었더라면 이 책의 간행은 실현될 수 없었을 것입니다. 뛰어난 편집자분들과 고락을 함께할 수 있었던 것이 집필자인 제게도 큰 기쁨이었습니다. 진심으로 감사드립니다.

2014년 9월

하라 아키라

청일·러일전쟁, 놓쳐버린 10년
나아갈 10년, 한·중·일 간 역사 마주 보기

역사 과목하면 고리타분한 암기과목이라는 인상 때문에 기피하는 분들이 많습니다. 하지만 역사를 전공하는 사람들도 그 수많은 사건과 사실을 다 기억하지는 못합니다. 역사학의 진정한 묘미는 개별 사실에 대한 세세한 이해보다 큰 시각에서 역사의 역동성을 읽어내고, 현재적인 의미를 발견하는 데 있을 것입니다. 역사를 가리켜 흔히 과거를 비추는 거울이라고들 합니다. 자국사가 굴절이 적은 거울이 되기 위해서는 타국사의 문맥 속에 비춰보는 것은 유용한 잣대가 될 것입니다.

동아시아 근대사 페이지 속의 수많은 사건 중에서도 청일·러일전쟁이 중요한 것은 3국의 근대 항로航路의 터닝 포인트가 되었기 때문입니다. 일본에는 제국의 대열에 합류하는 전환점이, 한국에는 식민지냐 자주국이냐를 결정짓는 갈림길이, 중국에는 종주국의 지위에서 서구열강의 반半식민지로 전락하는 분기점이 되었습니다. 이렇듯 극명하게 달라진 동아시아 3국의 근대사의 첫 페이지를 각국 사람들은 어떻게 인식하고 있을까요? 특히 올해는 청일전쟁이 끝난 지 120년, 러일전쟁이 끝난 지 110년이 되는 때인 만큼 이 시점에서 이 전쟁의 의미를 재고할 필요가 있습니다. 이 책은 일본인 대중의 역사인식상의 문제점을 냉정하게 지적하며 당시의 실태를 직시할 것을 일깨우고 있습니다.

먼저 저자는 청일·러일전쟁을 보는 시각을 전쟁을 일으킨 근본 목적이 조선에 대한 지배권 획득에 있었다는 점에서 두 전쟁은 실제적으로는 '제1차·제2차 조선전쟁'인 셈이었다고 강조합니다. 어떤 의미에서 청일전쟁에서 최대의 사상자를 낸 것은 조선이었던 점, 일본인에게는 거의 기억되지 않는 전쟁이지만 청일전쟁과 러일전쟁 사이에 엄연히 '의화단전쟁'이 있었다는 점, 겨우겨우 이긴 러일전쟁은 사실상 '상처투성이'의 승리였다는 지적들은 눈여겨봐야 할 대목입니다.

이 책은 원래 일반 일본인을 대상으로 한 강연록을 토대로 하

고 있습니다. 즉 한국과 중국의 독자를 의식하거나 상정한 발언
이 아니라 자국의 일반 대중을 향해 근대일본이 전쟁 과정에서
자행해온 '불편한' 진실을 가감 없이 강조하고 있습니다. 이런 부
분들이 외국인 독자인 우리에게는 '신선'하게 다가옵니다.

다음으로 많이 강조되는 부분은 시바 료타로의 역사관에 대한
주의 환기입니다. 시바 료타로는 우리로 치면 토지의 저자 박경
리에 비견되는 국민적인 역사 소설가입니다. 한낱 소설가의 역사
관을 학문적 영역의 역사가가 집요하리만큼 비판하는 것이 어쩌
면 우리에게는 다소 의아해 보일지도 모르겠습니다. 사실 일본에
서는 세대에 따라서는 학교 교육에서 자국의 역사조차도 근대사
를 접해보지 못한 채 졸업한 경우가 있습니다. 반면 역사소설에
대한 출판시장의 규모는 한국에 비해 무척 방대합니다.

이런 상황 속에서 시바 료타로와 같은 영향력 있는 인기 작가
가 제시하는 역사상은 일반대중에게 일종의 공적인 역사교육을
대신하는 측면이 있습니다. 실제로 시바 료타로의 작품은 소설뿐
만 아니라 드라마화되기도 했기 때문에 무의식적으로 시바 식의
역사해석이 일반인의 역사관에 그대로 투영될 될 소지가 많습니
다. 저자가 설명한 것처럼 시바 료타로는 일본군이 자행한 중국
인의 무차별 학살사건인 뤼순 학살사건에 대해서도 전혀 언급하

지 않았고, 러일전쟁에 대해서도 전투장면은 세세하게 묘사하면서도 한국병합 문제에 대해서는 일절 언급하지 않았습니다.

저자는 인기작가의 왜곡된 역사상 묘사가 일반대중의 역사인식에 일정부분 영향을 미치고, 나아가 작금의 한중일 간의 관계수립을 저해하는 요소로도 이어짐을 우려하고 있습니다. 평화수호를 위한 과거 전쟁사의 바른 고찰을 부르짖는 저자의 외침에 주의를 기울여보시는 것도 읽는 재미를 더할 것입니다.

이 밖에도 이 책은 문체나 전체적인 구성이 쉽게 짜여 있습니다. 메이지 초기 상황에서부터 청일전쟁, 러일전쟁, 제1차 세계대전까지 근대일본사의 핵심을 간략하지만 일목요연하게 파악하는 데 유용하다고 하겠습니다. 또한 전쟁 당시 사람들의 심정을 그린 문학작품이나 회고담 등을 많이 활용했기 때문에 다른 서적에 비해 당시의 사회상을 생생하게 이해할 수 있습니다. 또한 저자가 전시경제사 전공자인 만큼 전쟁비용조달이나 경제공황 등 당시 사회의 경제적 배경에 대해서도 알기 쉽게 서술되어 있습니다.

이 책을 읽어가다보면 근대일본의 전쟁 행보 속에 열강의 틈바구니에서 희생당한 아픈 한국 근대사의 장면들이 여실히 드러납니다. 그 속에 투시된 우리의 현실을 안타까워하는 데서 그치지 않고 한 걸음 더 나아가 우리 시각에서 일본과 중국을 재평가할 수 있는 학문적 토양이 만들어지는 자극제가 되길 기대해봅니다.

　동아시아의 최근 형국은 전후 70년간 지켜온 평화를 위협하는 심상치 않은 분위기입니다. 저자의 지적처럼 평화는 전쟁을 기억함으로써 지켜낼 수 있다는 논리가 새삼 절실한 때임을 상기시키게 합니다. 이 책이 역사에 관심을 갖고 나아가 동아시아의 미래상을 생각하려는 모든 분께 미력하나마 양분이 되기를 바랍니다. 끝으로 수고해주신 살림출판사 심만수 대표님, 서상미 편집부장님을 비롯한 스태프 여러분에게 감사의 말씀드립니다.

2015년 11월 10일

김연옥

청일·러일전쟁 어떻게 볼 것인가
동아시아 50년전쟁1894~1945 다시 보기

펴낸날	초판 1쇄 2015년 12월 2일
	초판 3쇄 2017년 12월 15일

지은이	하라 아키라
옮긴이	김연옥
펴낸이	심만수
펴낸곳	(주)살림출판사
출판등록	1989년 11월 1일 제9-210호

주소	경기도 파주시 광인사길 30
전화	031-955-1350 팩스 031-624-1356
홈페이지	http://www.sallimbooks.com
이메일	book@sallimbooks.com

ISBN   978-89-522-3307-3   03910

이 도서의 국립중앙도서관 출판시도서목록(CIP)은 서지정보유통지원시스템 홈페이지
(http://seoji.nl.go.kr)와 국가자료공동목록시스템(http://www.nl.go.kr/kolisnet)에서
이용하실 수 있습니다.(CIP제어번호: CIP2015031728)